合伙人
股权设计

谢炎 著

中国商业出版社

图书在版编目（CIP）数据

合伙人股权设计 / 谢炎著 . -- 北京 ：中国商业出版社，2022.1

ISBN 978-7-5208-1949-7

Ⅰ . ①合… Ⅱ . ①谢… Ⅲ . ①企业管理－股权管理－研究 Ⅳ . ① F272

中国版本图书馆 CIP 数据核字（2021）第 249915 号

责任编辑：侯 静 杜 辉

中国商业出版社出版发行
010-63180647 www.c-cbook.com
（100053 北京广安门内报国寺 1 号）
新华书店经销
香河县宏润印刷有限公司印刷
*
710 毫米 ×1000 毫米 16 开 14 印张 210 千字
2022 年 1 月第 1 版 2022 年 1 月第 1 次印刷
定价：58.00 元
* * * *
（如有印装质量问题可更换）

前言

聚众资本，聚合人才，聚向未来

近年来，“合伙人”的概念迅速席卷商界，“合伙人时代”也成为新商界的代名词之一，仿佛“合伙”，企业就有了“金钟罩、铁布衫”，可以扛住外界的种种竞争。因为合伙代表“聚”，是人、才、智的相聚，当力量形成合力，必定能变得更加强大。事实的确是这样的，当聚集的资本、聚合的人才和聚结的智慧顺利融合，强大的力量将就此产生。

关键的问题来了，融合需要顺利，这是越“聚”越强大的前提。遗憾的是，理想中的顺利总会被现实的各种因素搅乱，障碍的产生看似突如其来，其实早有隐忧。当融合不能顺利进行时，“聚”的目的便无法达成了。

影响顺利融合的障碍有很多，但都未脱离利益，其中与利益牵扯最大的就是股权方面的障碍。

股权对于任何形式和任何阶段的企业都至关重要，其设计的好与坏将直接决定企业的未来。股权在企业创立的那一刻起，就成为企业经营的核心。有人将股权比喻为摩天大楼的地基和顶级赛车的引擎，一边关系企业的生存巩固，一边关系企业的延续发展。

而且，地基与引擎不是一次成形的，需要不断修缮和改进。股权设计关系到如何搭班子，创始合伙人和后期加入者的利益分配；关系到企业治理，进行多轮融资和利用各种资源；关系到企业文化建设，将利益牵动升级为心智共赢。

虽然股权结构对企业如此重要，但很多企业从创立之初并未将股权设为根本，而是更关注商业模式、资金、产品、渠道、人才等。很显然这是本末倒置了，股权结构出问题，就像人得了心梗，秒杀其他所有优势。商业模式不好，可以推倒重做；资金不足，可以融资、众筹；产品设计不到位，可以进一步完善；渠道尚未打通，可以努力凿穿；人才难得，可以通过利益关联挖掘。修复这一切需要建立在优质的股权结构的基础上，存在明显问题的股权结构会让上述努力都逐渐作废。

在服务各企业的过程中，我们发现许多企业在股权设计方面存在诸多问题，除了因不被重视导致股权出现问题外，还有其他一些表现：

首先，企业创始人或创始团队对股权、股权结构的重要性全无认知，这样对于股权的科学性设计也就无从谈起；

其次，企业创始人或创始团队对股权重视程度不够，也不具有系统性认知，做了股权设计却未能落地，或者照搬其他成功企业的股权结构，前者属于镜花水月，后者与企业的实际情况相悖，导致股权问题不断；

再次，企业创始人或创始团队对股权足够重视，却并未进行正确的股权设计，由此引发融资失败、价值低估、股权激励失效、股权纠纷、控制权丧失等情况，严重影响企业发展；

最后，企业创始人或创始团队在股权设计方面进行了严格的考核与设计，优质股权架构已然成形，股东合伙人却不能熟练驾驭，因为股权结构不是简单的股权比例或投资比例，而是以股权比例为基础，包括股东权利、股东会及董事会职权与表决程序等一系列设计在内的权力结构体系，重点是企业最高权力机构股东会（股东大会）的职权和表决方式、表决程序的约定。

创业有N种“死”法，其中最令人惋惜的并非“死”于对外竞争，而是“死”于内部矛盾。劣质的股权设计就是引发内部矛盾的罪魁祸首，但优质的股权的设计则是凝聚企业强大能量的黏合剂。股权设计是劣质，还是优质，完全掌握在企业手中。处于不同行业的企业、不同经营类型的企业、不同发展阶段的企业，相配的股权架构是不同的。股权架构必须依据企业的实际情况进行设计，必须符合企业所在行业的特征，必须适应企业经营类型的战略重心，必须匹配企业发展阶段的业务中心，不能滞后，也不能超前；不能偏倾，也不能全包。

为帮助企业家更清晰地了解股权的重要性、更正确地进行股权设计、更从容地运用股权战略，消除股权所隐藏的一切忧患，笔者基于多年的企业股权管理咨询经历，以及潜心多年研究国内外股权设计与企业股权发展规范的总结，撰写了这本《合伙人股权设计》。企业股权设计既要有宏观性思维，也要有细节性考虑，保证各环节能够体现出权力层和利益层的商务诉求与商业规则，同时又兼具法律规范，确保符合法律的股权结构得到落地实施。

笔者也是一名创业者，也曾千军万马挤过独木桥，险些落水和企业几经生死让笔者对股权有了多层次和更精确的认知。股权设计是从静态到动态的迭代，创业初期的股权划分是静态股权分配，随着经营深入，逐步根据实际情况调整股权结构，便是动态股权分配。动态股权分配可分为股权设计、股权激励、控制权风险防控三个子方面。

本书对动态和静态两大方面予以了全面阐述，突出股权设计的动态实操性，涉及股权设计的原理、方法、案例、协议、表格、法律条文。

笔者想强调的是，本书讲述的一些关键执行细节，这些细节并非限定性的，更非让读者照单全收，而是希望借助细节将笔者的思路完整呈现。大家可以根据企业的实际情况，创造性地制定出与自身企业相适宜的规则，这也是笔者创作本书的一大心愿。

创业与守业就是一条艰辛曲折的漫漫长路，走在这条路上必须奠定合作的规则和团结的基石，将其契约化并共同恪守。

最后，笔者希望本书能为奋斗在创业与守业路上的每一位朋友带去一束足够明亮的光！

目录

第一章

合伙人股权设计的理论基础

合伙人股权设计需从了解理论开始，认识合伙人要以更全面的视角，成为合伙人要有更切实的规范，涉入股权领域要从更深刻的认知开始。

1.1 认识合伙人

《中华人民共和国合伙企业法》（以下简称合伙企业法）规定，合伙企业是指自然人、法人和其他组织依照本法在中国境内设立的普通合伙企业和有限合伙企业。

普通合伙企业由普通合伙人组成，合伙人对合伙企业债务承担无限连带责任。合伙企业法对普通合伙人承担责任的形式有特别规定的，从其规定。

有限合伙企业由普通合伙人和有限合伙人组成，普通合伙人对合伙企业债务承担无限连带责任，有限合伙人以其认缴的出资额为限对合伙企业债务承担责任。

《中华人民共和国公司法》（以下简称公司法）规定，公司是指依照本法在中国境内设立的有限责任公司和股份有限公司。

公司是企业法人，有独立的法人财产，享有法人财产权。公司以其全部财产对公司的债务承担责任。有限责任公司的股东以其认缴的出资额为限对公司承担责任；股份有限公司的股东以其认购的股份为限对公司承担责任。

公司股东依法享有资产收益、参与重大决策和选择管理者等权利。

通过上述法律规定可知，"合伙人"与"股东"是不同的概念，二者在对象主体、所承担责任、使用法律等方面是不同的。

但现实中合伙人经常同股东混淆，认为合伙创办企业就是合伙人。这是合伙人的广义解释，两人以上合伙创业就是合伙人。狭义的合伙人则是合伙企业法里的“合伙人”，只在合伙企业中存在的合伙人。本书中的“合伙人”是广义上的，既包含合伙企业法里的“合伙人”，也包含公司法中“股东”的一部分。

为什么本书要将合伙人和股东合并讨论呢？概括为以下四点原因：

一是强调共同创业者应具有相同的价值观，可以为了共同目标，达到利益深度绑定，这是创立和经营企业的根本条件；

二是现实中有限责任公司和股份有限公司的形式仍然占据多数，而合伙协作的概念也广泛存在于这两类公司中；

三是合伙人制度并非单纯存在于合伙企业中，在一些有限责任公司和股份有限公司内部也实行合伙人制度，但企业的性质并未改变；

四是一些企业为控制权考虑，设立多层股权结构，其中既包含有限责任公司、股份有限公司，也包含合伙企业。

同时，也是根据多年实践所得，若将合伙人和股东分开讨论，势必会将企业的经营管理和控制权一并拆散，这是极不利于实操的。因此，本书对合伙人股权的讲解是致力于股权基础的合伙人模式，而非狭义的合伙人。请广大读者充分了解这一点。

1.1.1　合伙人的概念及特点

合伙人是指至少两个自然人合在一起，成为风险共担和收益共享的合作伙伴。具体表现为获得企业股份或分红权。

以上是对合伙人的通俗性解释。在法律意义上，合伙人通常是指以其资产进行合伙投资，参与合伙经营，依协议享受权利、履行义务和承担责任，并对企业债务承担无限（或有限）责任的自然人或法人。合伙人必须具有民事权利能力和行为能力。

合伙人制度具有七个特点，或者称为七个优势。

（1）内心归属感。打工者缺乏归属感，“一颗心无处安放”的结果很可能是得过且过。合伙制就是让员工的心“回家”，当一个人从打工者转变为合伙人，其思想也会随之转变，给企业干就是给自己干，自然就有了归属感。

（2）实际拥有感。没有人会用心擦拭一辆租来的车，因为不是自己的，擦了也是白擦。其实，真的白擦吗？不见得，如果是开车去约会，干净的车子会在一定程度上增加对方对自己的第一印象分。但很遗憾，很多人即便意识到这个问题，仍然很难用心擦车，归根结底还是因为车不是自己的。合伙人制度最大的特点就是瓦解了这样的“零拥有感”，员工不再只是过客，他们有了话语权和存在感。

（3）付出成就感。在雇佣制度下，企业取得的成绩与被雇佣者关系很小，他们能得到的只是薪资上的有限提升，却没有对个人能力和付出的充分肯定。合伙人制度将这个问题解决了，如果成为企业的合伙人或股东，那么就给员工带来了成就感。

（4）有效引入人才。当资本的光环逐渐褪去，人才为王成了主旋律。很多企业在招揽人才时，不用高薪酬、高福利，而是用他们引以为傲的合伙人制度和股权激励计划，这样对真正的人才更具吸引力。

（5）留住人才。比留住人才更重要的是留住人才的心。高薪酬与高福利只是把人留了下来，合伙人制度则是把心留了下来，合力成就企业共创、利益共享、风险共担的大事业。

（6）层级扁平。互联网时代打破了科层式结构，上下级关系被信息对称性取代了。合伙人制度让组织进一步扁平，彼此之间只是通过利益机制及机制观念捆绑在一起的弱隶属关系，是真正意义上的扁平组织。就像任正非说的："将指挥权交给离炮声最近的人。"

（7）平台流动。雇佣制企业只有一个平台，就是企业自身，内部的所有人都要在这个平台上工作实践，为这个平台创造价值。合伙企业能够孵化出无数个平台，不怕没机会，就怕没本事，任何有能力的人都可以在企业搭建的平台上开创自己的事业。

1.1.2　合伙人、创始人、联合创始人与股东的区别

合伙人是具有相同价值观，为了共同目标，相互深度绑定的企业经营合作者。合伙人通常既有创业能力，又有创业心态，是企业生存发展最大的贡献者与股权持有者。

上面的话，也适用于创始人，因为他是企业的发起者、开创者和打造者，对企业极具贡献，也掌握企业的重量级股权。

联合创始人是企业初创时期的多个创业伙伴，并在企业创建过程中分别承担各类具体工作与责任，在某些时刻扮演着核心角色并起到过关键作用。但联合创始人并非企业常驻人员，通常在共同创建的项目或产品正式上线后或达到某种规定程度后便离开了。鉴于联合创始人对企业创立阶段的重要贡献，也属于合伙人范围，称为创始合伙人，当然也是企业股东。

合伙人一定是企业里的股东，但并不是所有股东都可以称为合伙人，只有具备合伙人标准的股东才是合伙人。仅仅是投入一些资金、资源，但本人在企业运营中实际贡献很小甚至为零，只能作为企业股东，而不适宜

做合伙人。

1.1.3 合伙人的重要地位与几点澄清

在移动互联网时代，企业创始人可以充分利用合伙制筹集资金，同时与创业合伙人并肩作战，共担风雨，共享事业发展成果。未来，无论是合伙企业，还是有限责任公司、股份有限公司，合伙人都必将成为企业的主体经营者。单纯的雇佣制已经不再适合移动互联网时代的要求，企业的组织模式需要改革，打破雇佣关系，最大限度发挥人力资源优势。

总之，合伙人的重要地位已在很多企业得到体现。下面，我们通过以下三点总结合伙人的重要性。

（1）合伙人是企业的所有者。选好创业合伙人与合理发展后续合伙人非常重要，关系到企业各阶段的发展。合伙人的单体实力、综合素质和合作效果几乎决定了企业的竞争实力和最终成就。

（2）合伙人是企业的最大贡献者。稳定的合伙关系必须是长期、深度绑定的，应享有与其贡献值对应的利益和权力，这是商业文明的最高原则。

（3）合伙人是企业稳定发展的核心。合伙人是企业的基因，既决定了企业的出身，也决定了企业的未来。

不要以为合伙人地位重要，就可以将合伙人的作用神话，无论是合伙企业，还是实施合伙人制的企业内部，关于合伙人都必须做出几点澄清，以便更正确地运营企业。

（1）合伙人机制不是“一伙人机制”。

提到合伙人，很容易会想到是一伙人合在一起共同奋斗。这个观点，看似挺对的，但并不能真正解释合伙人，其不只是简单的“一伙人”。

合伙人是基于互联网思维的产业生态思维，把技术、资本、资源、智力等价值链条组合起来的，可以共创、共担、共享的一种分工明确、责任清晰的协同机制。合伙人必须要目标清晰，导向清楚，责任明确，基于最大效能的分工和协同，才能产生最大的组织效率和价值成就，最后再根据一定的交易结构来完成各自的利益分享。

这一套完整的流程也是合伙人作为共同奋斗的动力环。缺少其中任何一个关节，合伙人机制都将无法运转。

（2）合伙人机制不等于利益共享。

合伙人机制中有一条是利益共享，但这不是唯一的目的，只是在实现多个目标的基础上，顺其自然达到的目标之一。

现实中，一些企业将本该是目标的“利益共享”前提“条件”变成“只要合伙，就一定有可共享的利益”，合伙的根本立场从价值创造变成了价值抢占，合伙人机制演变成了“包分配机制”。这种情况的产生是因为没有正确理解合伙人，更不具备合伙人应有的共创精神和共担意识。

（3）合伙人机制不等于资源被整合。

每个人的资源都是宝贵的，是个人价值的体现形式之一。很多企业将合伙人机制理解为“资源共享”，甚至是“资源剥削”，认为“只要合伙，就要无偿贡献出所有资源”，这是错误的理解。

但是，既然合伙就势必涉及资源整合，如果谁都不提供资源，合伙又有什么意义呢！只是整合是相互的，你在“贡献”出自己的资源的同时，也享受着别人“贡献”出来的资源。就像生态链一样，狮子吃羚羊，羚羊吃草，草吸收土地中的养分，土地的养分来自动物和植物死亡后的养分分解。

生物链体系下，能说谁比谁高等吗？同理，在商业生态系统中，真正的强者都敢于将自己的资源被别人整合，也能够最大限度地整合别人的资源，形成相互支撑、相互提升的“内增循环”，将个人目标结合到合伙人团队中，并最终实现。

1.2 成为合伙人

什么样的人适合成为合伙人？

合伙人是能力的象征、业绩的保证、企业的未来，但成为合伙人必须有标准可依，还要设立出资准入门槛，不能把合伙人变成“大锅饭”。

合伙人出资是代表获取合伙人资格的一个必经过程。合伙人出资主要有四种类型——现金、实物、无形资产、换股。其中，常见的是前三个出资类型，换股出资多出现在企业的收购兼并中。

1.2.1 合伙人的选择标准

一定要找到合适的合伙人才能创业，但寻找合伙人真的不是件容易的事。因为我们不可能通过短暂接触就看清一个人的综合素质，受个人经验和偏好所限，我们很难做到以客观的、科学的眼光去看待别人。这就导致了对人的识别上会产生误差，而所选的合伙人与理想的合伙人的任何较严重的偏差，都会影响合伙的过程，对创业非常不利。

其实，寻找合伙人也是寻找“潜力股”的过程，只有具备巨大潜力的商业合伙人才能给企业的未来带来更大的价值。

在此，我们推荐“1–4 潜力模型”，助力您找到优秀的、志同道合的合伙人。所谓“1–4 潜力模型”是由一个核心因素加上四个重要因素构成的，是反映一个人潜能指数的组合（见图 1–1）。

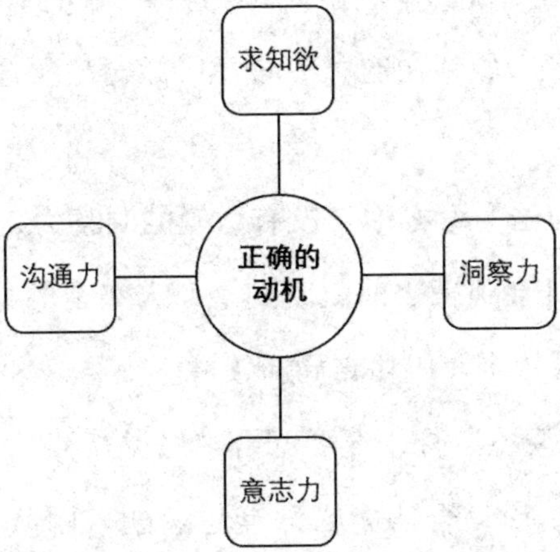

图1–1　“1–4潜力模型”

其中，正确的动机是该潜力模型的核心。

动机正确，才能沿着正确的道路不断前行。对于所寻找的合伙人来说，正确的动机意味着合伙人的价值观与企业的价值理念是契合的，将会激发出强烈的责任感和投入感，调动全身每一个细胞去实现一份伟大的事业。

其他四项都建立在正确动机的基础上。

（1）求知欲。移动互联网时代，知识的保鲜期非常短暂，任何一个满足于现状的人都会很快被淘汰掉。只有求知欲强烈的合伙人才能够适应当下时代的变化速度，让自己不断进步，推动团队不断前行，时刻用最前沿的知识引领企业的产品研发与市场走向。因此，保有求知欲的合伙人是一种“燃烧型”人才，有他们的地方就有永远向上的动力。

（2）沟通力。作为一名合格的合伙人，要具有极强的沟通能力，需要将自己的想法以最简单明了的方式完整地阐述给其他人。合伙人沟通能力的强弱，在某种程度上直接决定了这位合伙人的价值，如果胸中有丘壑，却不能准确表达的话，能力也将无从展现。

（3）意志力。也可以看作逆境商，是一种高情商的体现。身处商海，逆境随时在前方恭候，做到在逆境中向着目标愈挫愈勇，考验着一名合伙人应对危机的能力。

（4）洞察力。搏击商海之中，没有敏锐的洞察力是不行的。洞察力能够让一名合伙人在机会到来之前就嗅到“令人兴奋的味道”，在竞争对手没有反应的时候就带领企业成功布局新领域。

除了“1–4 潜力模型”外，还要配合“三类互补”，以达到“1+1＞2”的团队能力。也就是说，合伙人必须能迅速融入团队，且能与团队其他成员形成优势互补。通常分为三种互补形式：管理风格互补、综合能力互补、性格表现互补。

（1）管理风格互补。如果团队中只有一种管理风格，不仅缺乏灵活性，还会导致团队人才流失，更重要的是会失去管理敏感度。多种管理风格并存，可以体现团队的包容性，有利于管理的延展。

（2）综合能力互补。任何一个团队都不能“合并同类项”，而是要“百花齐放”。比如，不能都是技术大咖，只抓产品，不顾渠道；也不能都是运营大神，缺少技术支撑的产品，运营再棒也难以为继。

（3）性格表现互补。一个团队中如果会聚了各种性格的人，能在很大程度上减少失误率。一群“张飞”合伙，虽然“武功高强”，但莽撞百分百；一群“刘备”合伙，整天“三思”却难见“后行”；一群“关羽”合伙，忠诚指数爆炸，但骄傲指数也不会低；一群“诸葛亮”合伙，凡事谨慎有余，但魄力不足，难以开拓。因此，优质的合伙人团队成员必须是多类型的，顾全大局的“刘备”，忠心不二的“关羽”，敢打敢拼的“张飞”，运筹帷幄的“诸葛亮”。

1.2.2　合伙人的出资形式

我们已经简单介绍过，合伙人出资分为四种形式，下面逐一进行介绍。

1. 现金出资

现金出资是合伙人出资中最常见的，也是最直观的。能以现金直接出资，体现合伙人对企业的高度认可，愿意共担风险，共享成果。

在所有出资形式中，企业与个人都希望能以现金形式完成出资，减少操作环节。全额出资的合伙人有两种形式。

（1）自筹资金：这是传统的、直接的、无争议的出资方式，资金的来源由出资人自行筹备，与企业无关。

（2）分红留缴：如果已是企业合伙人，根据合伙协议或公司章程有权增加出资份额，则可以将定期拿到的分红以留缴的形式再次投入企业中。

在实际操作中，不是所有合伙人都有能力以现金形式全额出资，如果合伙人资金不足，企业可以提供两类帮助：①薪酬留存，企业与合伙人签订协议，在一定期限内以业绩为考核目标，以所留存的薪酬为出资形式，在考核合格后，将留存薪酬作为合伙人的出资份额；②担保贷款，合伙人向企业提供抵押，企业对其发放一定的贷款数额用于出资，偿还形式为年终奖部分转入或项目承包收益部分转入。

足额出资的合伙人与部分出资的合伙人在责权利上应有一定的划分。比如，X 企业规定在下一轮合伙人计划中，上一轮部分出资的合伙人必须溢价出资。Y 企业对同类情况则规定，平价出资，但分红收益要打折。

2. 实物出资

实物出资包括房屋、机器、设备、厂房等固定资产。合伙人如果选择用实物出资，需要注意以下流程。

第 1 步：评估作价。公司法第二十七条第二款："对作为出资的非货币财产应当评估作价，核实财产，不得高估或者低估作价。法律、行政法规对评估作价有规定的，从其规定。"对作为出资的实物评估作价分为两个方面：一是核实实物的产权，二是核实价值的真实性。

第 2 步：转移产权。公司法第二十八条第二款："股东以货币出资的，应当将货币出资足额存入有限责任公司在银行开设的账户；以非货币财产出资的，应当依法办理其财产权的转移手续。"即合伙人应当在约定的出资日期将实物的产权转移给公司。如以厂房等不动产出资的，则需要在房管部门进行厂房产权的变更登记。如果合伙人以实物出资，必须要看对方的房产证和土地证，还应到当地房管局和国土局查询证件原件及电子档案。

第 3 步：涉税处理。分为五种税费。

（1）增值税。以公司机器设备、办公设施实物出资的增值税纳税税务问题，适用《国家税务总局关于简并增值税征收率政策的通知》之规定："纳税人销售旧货，按照简易办法依照 3% 征收率减按 2% 征收增值税。"

（2）企业所得税。《中华人民共和国企业所得税法实施条例》第五十八条："固定资产按照以下方法确定计税基础：（一）外购的固定资产，以购买价款和支付的相关税费以及直接归属于使该资产达到预定用途发生的其他支出为计税基础；（二）自行建造的固定资产，以竣工结算前发生的支出为计税基础；（三）融资租入的固定资产，以租赁合同约定的付款总额和承租人在签订租赁合同过程中发生的相关费用为计税基础，租赁合同未约定付款总额的，以该资产的公允价值和承租人在签订租赁合同过程中发生的相关费用为计税基础；（四）盘盈的固定资产，以同类固定资产的重置完全价值为计税基础；（五）通过捐赠、投资、非货币性资产交换、债务重组等方式取得的固定资产，以该资产的公允价值和支付的相关税费为计税基础；（六）改建的固定资产，除企业所得税法第十三条第（一）项和第（二）项规定的支出外，以改建过程中发生的改建支出增加计税基础。”

（3）印花税。《中华人民共和国印花税暂行条例》第三条：“纳税人根据应纳税凭证的性质，分别按比例税率或者按件定额计算应纳税额。具体税率、税额的确定，依照本条例所附《印花税税目税率表》执行。应纳税额不足一角的，免纳印花税。应纳税额在一角以上的，其税额尾数不满五分的不计，满五分的按一角计算缴纳。”

（4）土地增值税。《关于土地增值税一些具体问题规定的通知》第一条：“对于以房地产进行投资、联营的，投资、联营的一方以土地（房地产）作价入股进行投资或作为联营条件，将房地产转让到所投资、联营的企业中时，暂免征收土地增值税。对投资、联营企业将上述房地产再转让的，应征收土地增值税。”

（5）契税。根据《中华人民共和国契税法》第二条第三款：“以作价投资（入股）、偿还债务、划转、奖励等方式转移土地、房屋权属的，应当依照本法规定征收契税。”契税税率为3%～5%。

3. 无形资产出资

对于无形资产出资的要求是，必须对企业经营起到重要作用，并能产生一定收益。通常情况下，无形资产出资分为两个步骤。

第1步：无形资产评估。无形资产出资时需要由第三方评估机构进行价值评估。评估的方法首选“收益法”，该方法常用的指标有收益额（无形资产直接带来的未来的超额收益）、受益期限（无形资产具有的实现超额收益能力的时间）和折现率。

第 2 步：办理财产转移手续。对于无形资产出资，根据公司法应办理财产转移手续，即需将无形资产所有权属由股东变更为公司。

为了确保无形资产出资的法律效力，必须了解涉及无形资产出资的法律规定。

（1）公司法第二十七条第一款：“股东可以用货币出资，也可以用实物、知识产权、土地使用权等可以用货币估价并可以依法转让的非货币财产作价出资；但是，法律、行政法规规定不得作为出资的财产除外。”

（2）《公司注册资本登记管理规定》第五条：“股东或者发起人可以用货币出资，也可以用实物、知识产权、土地使用权等可以用货币估价并可以依法转让的非货币财产作价出资。股东或者发起人不得以劳务、信用、自然人姓名、商誉、特许经营权或者设定担保的财产等作价出资。”

因为无形资产的价值恒定性难以保证，采用这种出资方式需要注意两项问题和对应的四种情况。

问题 1：无形资产的产权归属问题：①如果是企业用无形资产出资，就要设法证明该项无形资产属于职务发明；②如果是自然人以无形资产出资，就要设法证明该无形资产不属于职务发明。

问题 2：无形资产的价值评估问题：①如果出资资产对企业经营没有价值或者并不适用，由出资人将账面余额用等值货币或其他资产回购，对不实摊销的部分再以等值货币或其他资产补足；②如果出资资产对企业经营非常必要，先将无形资产全部做减值处理，再由原出资人将减值补足，计入资本公积，将不实摊销的部分再以等值货币其他资产补足。

4. 换股出资

换股出资是合伙人以股票作为出资，将目标企业的股票按一定比例换成本企业股票的过程。在资本市场，这种以企业形式通过股权互换出资的情况比较常见。换股出资的特点如下。

（1）合伙人不需要支付大量现金，因而不会挤占企业的运营资金。

（2）目标企业的股东可以选择推迟收益实现时间，以享受税收优惠。

（3）因新增发的股票改变了原有的股权结构，目标企业的股东权益被逐渐“淡化”，若操作不当会导致控股股东丧失对企业的控制权。

（4）上市企业因股票发行受中国证监会的监督以及证券交易所上市规则的限制，因此发行手续烦琐、迟缓，使得竞购对手有时间组织竞购，而不愿被并购的目标企业也有时间部署反并购措施。

1.3　开启股权之门

股权是企业股权设计中的核心概念，正确理解股权的含义与权能是进行股权设计的前提条件。

股东通过出资或受让等合法方式，拥有企业的股权 / 股份，基于股东资格，在企业内取得法律上的地位，并在企业存续期间内，对企业享有管理决策、利润分红等多项权利，就是股东权利。

上述这句话可以将股权理解为三层含义：第一层是投资人基于投资行为而获得的股东资格；第二层是股权的具体内容由法律和公司章程规

定；第三层是股权的内容是多方面的，但核心是股东的经济利益和权利划定。

1.3.1 股权、股份、股票的区别

提到股权，就不能不提股份和股票，三者之间有什么联系，又有怎样的区别，三者与公司有怎样的对应关系？

在公司法中，涉及有限责任公司股东的权利多用股权，涉及股份有限公司股东的权利多用股份。

1. 股权的定义

股权属于财产所有权的一种。股权是有限责任公司股东对公司享有的人身和财产权益的一种综合性权利。股权的含义有：股权是有限责任公司资本的最基本单位；股权代表有限责任公司股东的权利与义务；股权的价值表现形式为出资证明书；股权可依法转让。

在股东转让股权后，公司应立即注销原股东的出资证明书，并向新股东签发出资证明书，即一份股权只能对应一份出资证明。出资证明书由公司盖章，其中必须载明的事项有：公司名称、公司成立日期、公司注册资本、股东姓名或名称、股东缴纳出资额和出资日期、出资证明书编号和核发日期。

2. 股份的定义

股份是对股份有限公司资本进行计量的单位，能直观表现出股东在企业总资本中所占的投资比例，并体现出股东所拥有的可转让权利的多少。股份的含义有：股份是股份有限公司资本的最基本单位；股份代表了股份有限公司股东的权利与义务；股份的价值表现形式为股票价格；股份可以转让。

股份具有四个特点。

（1）价值性：股份是公司资本与一定价值的体现，可以用货币加以衡量。

（2）平等性：股份发行须遵循公平、公正原则，同种股份的每股权利相等。

（3）不可分性：股份是公司资本的最基本构成单位，每股不可再分。

（4）可转让性：股东持有的股份可以依法转让。

公司法第一百三十七条："股东持有的股份可以依法转让。"

公司法第一百三十八条："股东转让其股份，应当在依法设立的证券交易场所进行或者按照国务院规定的其他方式进行。"

3. 股票的定义

股票是股份有限公司发行的所有权凭证，是股份有限公司为筹集资金而发行给各个股东作为持股凭证并借以取得股息和红利的一种有价证券。

每股股票都代表股东对企业拥有一个基本单位的所有权，股东个体所拥有的企业所有权份额的大小取决于其所持有的股票数量占企业总股本的比重。

公司法第一百二十五条："股份有限公司的资本划分为股份，每一股的金额相等。公司的股份采取股票的形式。股票是公司签发的证明股东所持股份的凭证。"因此，股票是股份有限公司的专属概念，有限责任公司以出资证明书为所有权凭证。

股票具有六类特点。

（1）流通性：股票是资本市场的有价证券，可以转计、买卖或作价抵押。

（2）收益性：拥有公司股票就可享受公司的分红，也可通过交易实现溢价收益。

（3）同权性：同一类别的每股代表公司所有权是相等的。

（4）同价性：同次发行的同类股票，每股的发行条件和价格应相等。

（5）参与性：持股人可以参与公司股东会 / 大会行使自己的权利。

（6）风险性：股票投资风险较大，且股票一经发售，除有特殊约定外，不得返还。

股票由法定代表人签名，企业盖章，其中必须载明的事项有：①公司名称；②公司成立日期；③股票种类；④票面金额，即代表的股份数额；⑤股票编号。

1.3.2 股权的权能类型

股权具有各种权能，通常包括十三个方面，下面逐一介绍。

1. 股东身份权

公司法第三十一条："有限责任公司成立后，应当向股东签发出资证明书。"

公司法第三十二条："有限责任公司应当置备股东名册，记载下列事项：（一）股东的姓名或者名称及住所；（二）股东的出资额；（三）出资证明书编号。记载于股东名册的股东，可以依股东名册主张行使股东权利。公司应当将股东的姓名或者名称向公司登记机关登记；登记事项发生变更的，应当办理变更登记。未经登记或者变更登记的，不得对抗第三人。"

因此，股东要想真正获得股东身份，并能主张股东权利，必须进行股东名册登记，也应该进行工商登记或在登记事项发生变更时及时变更登记。

2. 重大事项决策权

股东按其持有的股份拥有对企业事务进行表决的权利。股东表决权的大小取决于股东所掌握的股权份额。股东可以通过“赞成”“反对”“弃权”来行使自己的表决权。

普通股一般每股代表一票。优先股（有优先取得股息和分得剩余财产的权利）一般没有表决权或者要受到种种限制。但是，若优先股的股息被拖欠，这部分股东通常具有表决权。

表决权可以本人行使，也可以由股东委派他人行使。

大股东只需集中掌握30% ~ 40%的普通股票就有机会左右股东会/股东大会的表决权，对企业形成控制。小股东在发现有影响自己权利或侵犯自身合法权益的议案时，需要联合起来维权。

根据法律规定，股东会/股东大会做出决议，必须经过出席会议的全体股东所持表决权过半数通过，但在对修改公司章程、增加或减少注册资本，以及公司合并、分立、解散或变更公司形式做出决议时，必须经过出席会议的全体股东所持表决权三分之二以上通过。

法律也对股东的表决权进行了限制，公司法第一百零三条第一、第二款：“股东出席股东大会会议，所持每一股份有一表决权。但是，公司持有的本公司股份没有表决权。”

3. 选举权和被选举权

公司法对我国企业股东的选举权和被选举权做了明确规定，股东有权根据公司章程的规定选举自己信任的、符合任职资格的董事或监事。同时，股东本人若符合公司法规定的公司董事和监视的任职资格，也有权被选举为公司的董事和监事。

为了保护中小股东的利益，公司法为股份有限公司设计了累积投票的选举模式。公司法第一百零五条：“股东大会选举董事、监事，可以依照公司章程的规定或者股东大会的决议，实行累积投票制。本法所称累积投票制，是指股东大会选举董事或者监事时，每一股份拥有与应选董事或者监事人数相同的表决权，股东拥有的表决权可以集中使用。”

4. 经营与管理权

企业的经营者掌握对企业法人财产的占有、使用和依法处置的权利。企业的经营只有拥有了企业法人财产的经营权之后，才能根据市场需要独立做出经营决策，自主开展生产经营。与所有权相比，经营权少了获取收益的权利。

经营权在通常情况下，属于所有者本人，但也可根据法律、行政命令和依照所有者的意志转移给他人，这种转移是合法的，受到国家法律的保护。

管理权是指对所有权人授予的、为获取收益而对所有权人的财产享有占有、使用的权利（亦包括对所有权人的财产处分权）。包括产、供、销、人、财、物各个方面，主要有经营方式选择权、生产经营决策权、资金支配使用权、人事劳务管理权、产品销售权、物资采购权、物资管理权及其他经营管理权。

5. 所有权

企业发行新股或可转换债券时，老股东可以按原先持有的股份数量的一定比例优先于他人进行认购。

公司法第三十四条规定：“股东按照实缴的出资比例分取红利；公司新增资本时，股东有权优先按照实缴的出资比例认缴出资。但是，全体股东约定不按照出资比例分取红利或者不按照出资比例优先认缴出资的除外。”

此外，还有两种情况需单独讨论。

（1）未实缴的股东是否享有优先认购权？由公司法第三十四条规定可知，股东应按照实缴的出资比例行使优先认购权。但是公司法允许股东通过公司章程自治约定，可以允许未实缴的股东行使优先认购权。

（2）风险投资中的优先认购权如何认定？风险投资人为了能够同步参与增资，防止股权被稀释，一般会要求得到优先认购权，常规步骤如下。

第 1 步：目标企业以任何形式进行新的股权融资时，投资方有权按所持股权比例享有优先购买权。

第 2 步：目标企业以任何形式进行新的股权融资时，目标企业、创始股东应自目标企业初步确定新的融资计划之日起十个工作日发出《拟增资通知》通知投资方，通知内容包括但不限于目标企业的融资方案、融资价格、融资条件和新投资者的名称等。

第 3 步：自投资方收到《拟增资通知》之日起连续六十日（以下简称“增资优先期”）内，投资方有权选择是否根据《拟增资通知》中明确规定的条款，以《拟增资通知》中明确规定的价格，按各投资方届时持有的股权比例认购拟增注册资本。选择认购拟增注册资本的投资方，必须在增资优先期内将其选择以书面形式通知本企业。完成拟增注册资本认购的时限应不超过自增资优先期届满后的第一天起算的六十日。

6. 资产收益权

收益权是所有权在经济方面的实现形式，该权利的行使可以为所有人带来经济上的收益。投资者购买上市公司股票，成为该公司股东的最重要目的就是获取收益。股东获得财产收益的方式主要包括：企业分配股利、转让所持有的企业股票以获得差价收益、参与企业解散清算后的剩余财产分配。

资产收益权最直接的体现就是股东按照实缴的出资比例或者公司章程规定的其他收益方式分配红利。

为保障红利的顺利分配，公司法第七十四条对不能及时分红的情况进行规定："有下列情形之一的，对股东会该项决议投反对票的股东可以请求公司按照合理的价格收购其股权：（一）公司连续五年不向股东分配利润，而公司该五年连续盈利，并且符合本法规定的分配利润条件的；（二）公司合并、分立、转让主要财产的；（三）公司章程规定的营业期限届满或者章程规定的其他解散事由出现，股东会会议通过决议修改章程使公司存续的。自股东会会议决议通过之日起六十日内，股东与公司不能达成股权收购协议的，股东可以自股东会会议决议通过之日起九十日内向人民法院提起诉讼。"

上市企业分配股利为两种形式：①现金股利，就是现金分红，企业直接以货币形式向股东发放；②股票股利，也称"送红股"或"送股"，企业将可分配利润折算成股票（红股），按照股东持股比例无偿分派。

7. 转让权

股东依法将自己的股东权益有偿转让给他人，使他人取得股权的民事法律行为。前提是不存在禁售限制。

一般而言，只要在法定场所，并依法定方式，股份有限公司的股东可以自由转让自己所持有的公司股份，但以下几种人转让股份受到一定限制。

（1）股份有限公司发起人。发起人持有的本公司股份，自公司成立之日起一年内不得转让。

（2）持有本公司公开发行股份前已发行的股份的股东。自公司股票在证券交易所上市之日起一年内不得转让。

（3）公司董事、监事、高级管理人员。在任职期间内，每年转让的股份不得超过其所持有的本公司股份总数的25%，并且其所持的本公司股份子公司股票上市交易之日起一年内不得转让。此外，以上人员在离职后半年内，不得转让其所持有的本公司股份。

8. 剩余财产分配权

剩余财产分配是企业解散清算总程序中的一个步骤。常规流程为：

第1步：将财产变现后，所得支付各类所需费用（包括清算费用、职工工资、社会保险费用、法定补偿金、所欠税款等）；

第2步：根据确定的债务清偿顺序依次清偿债务；

第3步：债务清偿后，如尚有剩余财产，可按公司章程、协议规定或者各方的出资比例进行分配。

9. 提议、召集、主持股东会临时会议权

股东会应当按照公司章程召开定期会议，以保障股东参与企业重大决策的权利。但定期召开股东会并不能满足股东参与企业管理决策的需要，为此公司法进行了临时股东会的固定。

公司法第三十九条第三款："代表十分之一以上表决权的股东，三分之一以上的董事，监事会或者不设监事会的公司的监事提议召开临时会议的，应当召开临时会议。"

公司法第四十条："有限责任公司设立董事会的，股东会会议由董事会召集，董事长主持；董事长不能履行职务或者不履行职务的，由副董事长主持；副董事长不能履行职务或者不履行职务的，由半数以上董事共同推举一名董事主持。有限责任公司不设董事会的，股东会会议由执行董事召集和主持。董事会或者执行董事不能履行或者不履行召集股东会会议职责的，由监事会或者不设监事会的公司的监事召集和主持；监事会或者监事不召集和主持的，代表十分之一以上表决权的股东可以自行召集和主持。”

10. 关联交易审查权

公司法第二十一条：“公司的控股股东、实际控制人、董事、监事、高级管理人员不得利用其关联关系损害公司利益。违反前款规定，给公司造成损失的，应当承担赔偿责任。”

股东有权通过股东会就企业为股东或者实际控制人提供担保做出决议。在做出该决议时，关联股东、一致行动人或者受实际控制人支配的股东，不得参加该事项的决议。而该事项表决应由出席会议的其他股东所持表决权的过半数通过。

11. 知情权和质询权

知情权和质询权是股东了解企业信息的权利。这是一个权利体系，由三项子权利组成：财务会计报告查阅权、账簿查阅权、检查人选任请求权。上述三项权利针对的中心是股东对企业事务知晓的权利，目的是保证股东获得充分的信息。

根据公司法的规定，有限责任公司和股份有限公司的股东在知情权方面略有差异：

有限责任公司的股东有权查阅、复制公司章程、股东会会议记录、董事会会议记录、监事会会议记录和财务会计报告；

股份有限公司的股东有权查阅公司章程、股东名册、公司债券存根、股东大会会议记录、董事会会议记录、监事会会议记录、财务会计报告。

如果股东对企业的经营决策和实际状况有疑问，有权向实际控制人提出质询。实际控制人也有义务针对股东的质询予以答复，并说明情况。

公司法第一百五十条第一款：“股东会或者股东大会要求董事、监事、高级管理人员列席会议的，董事、监事、高级管理人员应当列席并接受股东的质询。”

12. 查阅权

股东对企业的会计账簿、会计文书等相关的会计原始凭证和文书、记录进行查阅的权利。

法律设立股东账簿查阅权，是因为原始的会计账簿更能反映企业的实际经营情况。

为防止有限责任公司股东滥用查阅权影响企业正常经营或者泄露商业机密，公司法对有限责任公司股东的查阅权进行了一定限制。

公司法第三十三条第三、第四、第五款：“股东要求查阅公司会计账簿的，应当向公司提出书面请求，说明目的。公司有合理根据认为股东查阅会计账簿有不正当目的，可能损害公司合法利益的，可以拒绝提供查阅，并应当自股东提出书面请求之日起十五日内书面答复股东并说明理由。公司拒绝提供查阅的，股东可以请求人民法院要求公司提供查阅。”

13. 诉讼权

当股东会、董事会决议存在程序上或内容上违反法律或章程规定时，赋予中小股东提起撤销决议之诉或确认决议无效之诉。

根据公司法的规定，公司董事、监事、高级管理人员执行公司职务时违反法律、行政法规或者公司章程的规定，侵害公司权益时，有限责任公司的股东、股份有限公司连续一百八十日以上单独或者合计持有公司百分之一以上股份的股东，有两种维护自身权利的方式：①以书面形式请求监事会或者不设监事会的有限责任公司的监事向人民法院提起诉讼；②以书面形式请求董事会或者不设董事会的有限责任公司的执行董事向人民法院提起诉讼。

当监事会、不设监事会的有限责任公司的监事，或者董事会、不设董事会的有限责任公司的执行董事，收到股东书面请求后拒绝提起诉讼，或者自收到请求之日起三十日内未提起诉讼，或者情况紧急、不立即提起诉讼将会使公司利益受到难以弥补的损害等情况时，股东有权为了公司利益以个人名义直接向人民法院提起诉讼。

当他人侵害公司合法权益，给公司造成损失时，股东也可依照上述规定向人民法院提起诉讼。

1.3.3 股权的作用

股权在企业经营过程中有着不可替代的作用，可以总结为六个方面，从公司治理切入，包括股权激励、股权融资、对外投资、兼并与收购、上市。

1. 公司治理

股权结构决定了企业不同的组织结构及治理结构，最终决定了企业的发展走向。股权结构主要作用于公司治理的内部机制：分为控制权可竞争的股权结构和控制权不可竞争的股权结构。

（1）控制权可竞争的股权结构：①股东会决定的董事会能够代表全体股东的利益；②剩余价值的控制权与索取权相匹配，股东有动力向经理层施加压力，促使其为实现企业价值最大化而努力；③相对控股股东的存在比较有利于经理层在完全竞争的条件下进行自然更换。

（2）控制权不可竞争的股权结构：①占绝对控股地位的股东可通过垄断董事会人选的决定权来获取对董事会的决定权，中小股东的利益将得不到保障；②剩余价值的控制权与索取权不相匹配，股东只会利用手中仅有的权利去谋取自己的私利，没有动力去实施监控与敦促；③经理层的任命被大股东所控制，不存在竞争状态下的优胜劣汰。

2. 股权激励

虽然国内对于股权的认知和运作起步较晚，但发展速度极快，如今股权激励已经成为企业管理最常用的形式。实施股权激励的目的是激发股东和非股东员工的敬业精神，留住核心人才，助力企业长远发展。

股权激励可以把非股东员工的个人利益、股东的长远利益和企业的长期发展结合起来，在最大限度内防止企业实际控制人和经营者的短视心理和短期行为，杜绝企业管理层和执行层的不作为心理。

通过股权激励可以调动企业内部的监管机制，更好地为股东和非股东员工的利益保驾护航，在经营过程中防范如“内部人控制”等侵害股东利益的行为。

3. 股权融资

企业可以通过释放一定股权比例的形式获得融资。做法是企业现有股东主动让出部分股权用以融资，外部注资方通过对企业增资的方式成为企业的新股东。股权融资获得的资金属于长期资金，原则上没有到期日，企业没有还本付息的压力。

虽然企业股本增加了，但企业股权也被部分释放。当企业做大做强后，自身持有的股权会随之增值，带来巨大的增收效益。而新股东的利益诉求是与老股东共享企业的成长带来的利益分红和股权溢价收益。

股权融资按照融资渠道和发行场所可划分为公开发行、定向发行和私募融资三种方式。

（1）公开发行。通过股票市场向公众投资者发行企业的股票来募集资金，企业上市后的增发和配股都是公开发行的具体形式。

《中华人民共和国证券法》（以下简称证券法）第九条：“公开发行证

券，必须符合法律、行政法规规定的条件，并依法报经国务院证券监督管理机构或者国务院授权的部门注册。未经依法注册，任何单位和个人不得公开发行证券。证券发行注册制的具体范围、实施步骤，由国务院规定。有下列情形之一的，为公开发行：（一）向不特定对象发行证券；（二）向特定对象发行证券累计超过二百人，但依法实施员工持股计划的员工人数不计算在内；（三）法律、行政法规规定的其他发行行为。非公开发行证券，不得采用广告、公开劝诱和变相公开方式。”

（2）定向发行。针对非上市公众公司，即“新三板”挂牌的企业。

《非上市公众公司监督管理办法》第四十二条：“本办法所称定向发行包括股份有限公司向特定对象发行股票导致股东累计超过 200 人，以及公众公司向特定对象发行股票两种情形。前款所称特定对象的范围包括下列机构或者自然人：（一）公司股东；（二）公司的董事、监事、高级管理人员、核心员工；（三）符合投资者适当性管理规定的自然人投资者、法人投资者及其他经济组织。股票未公开转让的公司确定发行对象时，符合本条第二款第（三）项规定的投资者合计不得超过 35 名。核心员工的认定，应当由公司董事会提名，并向全体员工公示和征求意见，由监事会发表明确意见后，经股东大会审议批准。投资者适当性管理规定由中国证监会另行制定。”

（3）私募融资。企业自行寻找特定的投资人，吸引其通过增资入股形式进行的股权融资，非公开发行证券，不得采用广告、公开劝诱和变相公开等方式进行宣传。

4. 对外投资

企业在自身经营的主要业务外，以现金、实物、无形资产等方式，或者以购买股票、债券等有价证券的方式，向境内外的其他企业进行投资，就称为“对外投资”。对外投资不论是股权投资还是债权投资，目的都是在未来获得投资收益。

对外投资可分为股权投资和债权投资。投资与被投资企业多数形成股权关系则是内生发展的需要，如此企业可以用较少的资金实现对外扩张的目的。

对外投资后，根据母公司的持股情况，可以形成三类子公司。

（1）全资子公司。母公司持有子公司 100% 的股权。

（2）控股子公司。母公司持有子公司 50% 以上（但不足 100%）股权或股份。可以延伸出两类控股子公司：①绝对控股子公司，即母公司持有子公司超过 50%，但不足 100% 的股权或股份，母公司凭借所持有子公司的股权或股份对子公司形成绝对控制权；②相对控股子公司，即母公司持有子公司低于 50%，但通常不低于 20%（含）的股权或股份，母公司凭借所持有子公司的股权或股份的表决权足以控制子公司。

（3）参股子公司。持有其他公司的股权或股份，但仅凭所持有的股权或股份不足以控制该公司，仅是参股得利。

5. 兼并与收购

如果说对外投资是内生发展，增长速度相对较慢，兼并收购就是外生发展，增长速度将成倍提升。

兼并与收购也合称为“并购”，是两家或两家以上的企业，通过相关操作合并成为一家企业或者是“母子关系”的企业结构。但“并”与“购”有差异。

（1）兼并也称为“吸收合并”，是一方将另一方“消化吸收掉的过程”。在吸收合并的过程中，兼并方与被兼并方（不固定为一家企业）合并成一家企业，合并完成之时也是被兼并方消失之时。

（2）收购也称为“购入合并”，是一方将另一方买入后放置于旗下的过程。在购入合并的过程中，收购方通过现金、股票等有价证券收购另一家企业，以获得被收购方的全部资产或部分资产的所有权，目的是获得对被收购方的控股权，收购完成后两方都存在，被收购方与收购方形成“母子关系”。

6. 上市

上市是很多企业经营者的梦想。毕竟上市为企业带来的不只有资金，还有外界对企业的品牌、实力、业务、知名度和价值的认可。

上市之后，会给企业的股票市值与股权价值带来两方面好处。

（1）没有限售或其他限制的股票是可以自由流通的，受国际环境、宏观经济、政策变动、市场波动及企业经营等因素的影响，企业股票的价格会随时变动，企业市值也随之变动，只要企业业绩向好，能保持持续稳定的增长，长期趋势一定是上涨的。

（2）当企业的股权价值得以实时体现，股票市值不仅代表了企业的实力，也是股票持有者财富的体现，福布斯富豪排行榜上一项重要的统计数据来源就是公开市场发售的企业股票市值。

1.3.4　获得股权的途径

获得股权具体有哪些途径呢？

1. 直接出资

根据公司法的规定可知，“出资”有两层含义：一是认缴出资或认购股份，二是实缴出资或实缴资本。

2013 年 12 月 8 日，公司法就公司成立时的出资进行重新定义，将必须缴纳全部或部分出资的硬性要求改为“注册资本登记认缴制”。有限责任公司和发起设立的股份有限公司实行“认缴制”——以全体股东“认缴的出资额”或“认购的股本总额”为注册资本；募集设立的股份有限公司仍实行“实缴制”——以公司“实缴股本总额”为注册资本。

同时，除法律、行政法规和国务院决定另有规定外，一次性取消了注册资本最低限制要求、首次出资比例要求、实缴出资期限要求、货币出资比例要求以及强制验资制度。

对于出资方式，法律进行了明确规定。

公司法第二十七条：“股东可以用货币出资，也可以用实物、知识产权、土地使用权等可以用货币估价并可以依法转让的非货币财产作价出资；但是，法律、行政法规规定不得作为出资的财产除外。对作为出资的非货币财产应当评估作价，核实财产，不得高估或者低估作价。法律、行政法规对评估作价有规定的，从其规定。”

《中华人民共和国公司登记管理条例》第十四条：“股东的出资方式应当符合公司法第二十七条的规定，但股东不得以劳务、信用、自然人姓名、商誉、特许经营权或者设定担保的财产等作价出资。”

2. 股权转让

根据公司法的相关规定，有限责任公司的股权转让和股份有限公司的股份转让情况不同，应分别考虑。

（1）有限责任公司的股权转让规定。

公司法第七十一条：“有限责任公司的股东之间可以相互转让其全部或者部分股权。股东向股东以外的人转让股权，应当经其他股东过半数同意。股东应就其股权转让事项书面通知其他股东征求同意，其他股东自接到书面通知之日起满三十日未答复的，视为同意转让。其他股东半数以上不同意转让的，不同意的股东应当购买该转让的股权；不购买的，视为同意转让。经股东同意转让的股权，在同等条件下，其他股东有优先购买权。两个以上股东主张行使优先购买权的，协商确定各自的购买比例；协商不成的，按照转让时各自的出资比例行使优先购买权。公司章程对股权转让另有规定的，从其规定。”

（2）股份有限公司的股份转让规定。

根据公司法的相关规定，股份有限公司股东持有的股份可以依法自由转让（有法规限制的例外）。

股东转让其股份应当在依法设立的证券交易场所进行或者按照国务院规定的其他方式进行。已在A股上市企业的股票在上海证券交易所或深圳证券交易所公开交易转让；“新三板”挂牌企业的股票在“全国中小企业股份转让系统”挂牌转让。

公司法第一百三十九条和第一百四十条分别规定了记名股票和无记名股票的转让规定：

“记名股票，由股东以背书方式或者法律、行政法规规定的其他方式转让；转让后由公司将受让人的姓名或者名称及住所记载于股东名册。股东大会召开前二十日内或者公司决定分配股利的基准日前五日内，不得进行前款规定的股东名册的变更登记。但是，法律对上市公司股东名册变更登记另有规定的，从其规定。”

“无记名股票的转让，由股东将该股票交付受让人后即发生转让的效力。”

此外，对于股份有限公司的股份转让还有一些限制，参见公司法第一百四十一条：

“发起人持有的本公司股份，自公司成立之日起一年内不得转让。公司公开发行股份前已发行的股份，自公司股票在证券交易所上市交易之日起一年内不得转让。公司董事、监事、高级管理人员应当向公司申报所持有的本公司的股份及其变动情况，在任职期间每年转让的股份不得超过其所持有本公司股份总数的百分之二十五；所持本公司股份自公司股票上市交易之日起一年内不得转让。上述人员离职后半年内，不得转让其所持有的本公司股份。公司章程可以对公司董事、监事、高级管理人员转让其所持有的本公司股份作出其他限制性规定。”

3. 股权激励

股权激励是企业以付出股权为代价换取激励对象努力工作而达到某种经营目的，因此股权激励会附带很多条件，激励对象需要为此付出劳动，用相应的贡献获得相应的股权。

通过股权激励获得实际股权的方式有老股转让和新股增资两种。另有虚拟股权激励的“虚拟股票”形式，是以股权为标的的分红权或者未来收益权的激励，被激励对象无法直接体现股东身份，没有全部的股东权利，因此此类激励方式获取的并非严格意义上的股权。

股权激励获得股权的对价方式也可以概括为两种：一种需要付出对价，可能会略低于市场价值；另一种无须付出对价。

对价是指一方为获得某种利益或换取另一方做某事的承诺而必须给付对方相应的代价（不限于金钱）。

常见的股权激励方式：期股、股票期权、业绩股票、延迟支付、员工持股计划、账面价值增值权、限制性股票计划、干股、虚拟股票、股票增值权（将在第七章做详细阐述）。

4. 公积与转赠

公司净资产按照会计科目分为四个部分：实收资本（股本）、资本公积、盈余公积、未分配利润。其中，盈余公积和未分配利润可统称为“留存收益”。

根据实际情况需要，企业可以将资本公积、盈余公积、未分配利润转增为实收资本，转增过程中产生的个人所得税需按照国家相关法律法规执行。

在企业将资本公积、盈余公积、未分配利润转增注册为实收资本的过程中，必须做到不得改变原有股东的持股比例。对应的资本公积、盈余公积分配利润减少，实收资本增加，对应的每股净资产和每股收益降低。

5. 强制执行

公司法第七十二条：“人民法院依照法律规定的强制执行程序转让股东的股权时，应当通知公司及全体股东，其他股东在同等条件下有优先购买权。其他股东自人民法院通知之日起满二十日不行使优先购买权的，视为放弃优先购买权。”

因为股份有限公司可以自由转让股份，所以本规定是针对有限责任公司设置的，需要事先通知公司其他股东，在同等条件下其他股东享有优先购买权，若其他股东主动放弃或期满放弃优先购买权后，方可将强制执行的股权转让给他人。

6. 赠与

赠与是基于赠与方与受赠方之间一种不涉及交易的自愿行为，只要赠与人具有完全民事行为能力，且是根据自己的真实意愿执行，受赠人表示接受赠与并在合法操作的基础上接受赠与，赠与行为就是有效的。

股权赠与就是赠与人将自己的股权无偿地赠与受赠人，通过这种方式实现财产所有权转移。股权赠与通常会通过法律程序来完成，如签订相应的书面赠与合同等。通过继承或赠与获得股权都无须付出成本或者对价，只需按照涉及的税收法律法规缴纳相应的税费。

如果涉及有限公司，依然会受制于公司章程的特殊约定。

此外，出于特殊目的的需要，股权转让可能会出现“0元对价”的情况，虽然是无成本获得股权，但该种获得方式与赠与并不属于同一类型，股权转让属于双务合同，赠与属于单务合同。

7. 继承

公司法第七十五条：“自然人股东死亡后，其合法继承人可以继承股东资格；但是，公司章程另有规定的除外。”

本条款包括两层含义：

（1）自然人死亡之后，其合法继承人不仅可以继承其财产，还可以继承股东资格；

（2）公司章程的执行优先性高于公司法，因此公司章程可以作出特殊限制，排除限制条件内的股东继承人对股东资格的继承。

之所以公司章程具有优先执行性，是因为有限责任公司具有人合性（基于股东之间的相互信任而存在）和资合性（基于股东之间的资本关系而存在）。因此，若仅以公司法第七十五条之规定，极易导致四种不利于企业经营的状况：新老股东之间由于意见不和而产生矛盾或纠纷；老股东之间可能会对股东继承人的继承有不同意见；合法继承人的人数较多，突破公司法对公司股东人数的限制；其他一些不确定影响。

其中，股份有限公司是资合性公司，不存在股份继承的障碍，因此公司法并未对股份有限公司的股份继承问题作出特殊规定，即股份有限公司的股份继承是当然继承。

第二章

股权结构与企业股权设计

企业的股权结构对企业的发展及组织结构的形成具有重大的意义。股权结构是一个动态的可塑结构，因此，企业股权设计也要随股权结构的动态变化而变化。

2.1 全面理解股权结构

根据现代企业理论，股权结构的定义为：企业控制权和利益索取权的分配状况与匹配方式。股权结构是所有权结构在公司制下的具体表现形式。

世界不同国家对于股权结构含义的理解是有区别的，欧美国家主要从股权数量和权利角度划分股权结构，国内主要从股权集中度和股权属性方面划分股权结构。

股权集中度是各股东所持有的股份占企业总股本的比重；股权属性是各不同背景的股东分别持有的股份数量。前者说明股权集中或分散的程度，后者说明持有者的特性。

2.1.1 什么是股权结构

股权结构是公司治理结构的基础，公司治理结构是股权结构的具体运行形式。不同的股权结构决定了不同的企业组织结构，从而决定了不同的企业治理结构，最终决定了企业的行为和绩效。

股权结构不是简单的股权比例或投资比例，而是以股东股权比例为基础，通过对股东权利、股东会 / 股东大会及董事会职权与表决程序等进行一系列动态调整后的股东权利结构体系。

股权结构不是简单的股权比例，股权比例是取得企业决策权、管理权、控制权的主要体现形式。因为决策权与管理权源于股权占比，控制权则更多是源于股权的授权。

股权结构的形成和变化受社会环境、经济形势、科学技术发展、企业经营战略调整等内外因素的影响，当内外界因素发生变化时，企业股权结构也应随之变化。随着新领域企业的不断出现，技术和知识对企业的影响越来越大，进而人力资本在企业股权结构中所占的比重越来越大。社会的发展正在由“资本雇佣劳动”走向“劳动雇佣资本”。人力资本在企业中以越发重要的身份与资本拥有者共享利益索取权。

因此，股权结构的这种变化告诉我们，在所有的股权资源中，最稀缺、最不容易获得的股权资源——人力资本，必将在企业中占据主导地位。

2.1.2　股权结构的类型

股权结构按照不同标准，可划分为不同的类型。

（1）按照股东对企业控制力的强弱，可分为绝对控股的股权结构、相对控股的股权结构和不控股的股权结构。

公司法第四十三条：“股东会的议事方式和表决程序，除本法有规定的外，由公司章程规定。股东会会议作出修改公司章程、增加或者减少注册资本的决议，以及公司合并、分立、解散或者变更公司形式的决议，必须经代表三分之二以上表决权的股东通过。”

由上述条款可知，绝对控股的股权结构是指企业最大股东或股东团队的占股比例达到三分之二以上；相对控股的股权结构则是企业最大股东或股东团队的占股比例达到二分之一以上；不控股的股权结构是企业最大股东或股东团队的占股比例在二分之一以下。

当企业最大股东的实际出资无法达到二分之一以上时，想要对企业形成控股优势，必须采取吸收关联股东、一致行动人等方式增加占股比例，通过联合达到对企业的控制。

（2）按照不同要素在股权分配中所占地位的不同，可划分为资金资本占主导地位的股权结构和人力资本占主导地位的股权结构。

当资金资本作为股权分配的主要要素时，股权结构划分的条件更多考虑数量和权利，是股权结构量的体现；当人力资本作为股权分配的主要要素时，股权结构划分的条件更多考虑制衡性和集中度，是股权结构质的体现。

"质"与"量"的不同体现反映了股权结构的复杂性，在进行股权设计时要主动考虑多方面的因素，让划分无限接近绝对公平。

2.2 股权集中度与公司治理结构的关系

股权结构是公司治理机制的基础，决定了股权集中程度以及大股东身份、导致股东行使权利的方式和效果的区别，进而对公司治理模式的形成、运作及绩效产生影响。也就是说，公司治理结构中的内部机制与股权结构直接发生作用。

但是，股权结构也在很大程度上受到公司外部治理机制的影响。相对应地，公司治理结构中的外部机制也与股权结构间接发生作用。

2.2.1 什么是公司治理结构

公司治理又称为“企业管理”，相关定义为：为实现资源配置的有效性，所有者（股东）对公司的经营管理和绩改进行监督、激励、控制和协调的一整套制度安排，它反映了决定公司发展方向和业绩的各参与方之间的关系。

公司治理结构明确规定了公司各参与者的责任和权力分布。典型的公司治理结构是由企业实际控制者、董事会和执行经理层等形成的一定的相互关系框架。根据国际惯例，规模较大的企业，其内部治理结构通常由股东会、董事会、监事会和经理层组成，它们依据法律赋予的权利、责任、利益相互协作，并相互制衡。

公司治理结构的重点是内部问题和外部问题。

内部问题的核心是解决人的问题：定战略，搭班子，带队伍。

外部问题则分三个方面：首先，解决企业的战略路线和渠道拓展；其次，主导产品的价值管理、细分市场、搭建供销链；最后，做好产融系统。

公司治理结构类型因为受到经济、法律、文化和历史等因素的影响，分为四大类型。

（1）英美的股东主导型：股东分散，管理者当权。

（2）德日的债务主导型：交叉持股，共同决策。

（3）亚洲的家族治理模式：企业决策一言化，经营激励约束化，员工管理家庭化。

（4）国内的公司治理模式：融合了股东会、董事会、监事会、CEO层级的混合制约束机制。

2.2.2 股权集中度指标

衡量股权集中度的指标主要有 CRn 指数和 H 指数。

CRn 指数是指企业前 n 位股东持股比例的总和，如 CR3 代表企业前三位股东的持股比例总和。CRn 越小，说明企业的股权越分散，反之则表示企业的股权越集中。

H 指数是指企业前 n 位股东的持股比例的平方和，是 CRn 指数的有利补充。如果两家企业前 n 位股东的持股比例之和相同时，便难以区分两家企业股权分布的差异，H 指数弥补了这项不足，因为小于 1 的数进行平方，会使差异显著化，便于反映出股权在分布上的不平衡。H 指数越大，表示企业的股权越集中，反之则表示企业的股权越分散。

下面是甲公司和乙公司 CRn 指数和 H 指数的对比（见表 2-1）。

表2-1 甲公司和乙公司CRn指数与H指数的对比

甲公司			乙公司		
股东	持股比例	持股比例平方	股东	持股比例	持股比例平方
A	45%	0.20%	A	35%	0.12%
B	25%	0.06%	B	30%	0.09%
C	20%	0.04%	C	25%	0.06%
……	10%	0.02%	……	10%	0.02%
合计	100%	H=0.31	合计	100%	H=0.28

上表中，甲公司和乙公司的 CRn 都等于 90%，因此无法判断两家公司股权分布的差异。但是，通过计算 H 指数，就可以很清晰地知道甲公司的股权集中度比乙公司高。

在企业股东人数较少的情况下，通过直观判断也能知道股权集中度情况，但如果企业股东人数较多，就需要通过计算才能判断。

2.2.3　股权制衡度指标

衡量股权制衡度的指标主要是 Z 值指数和 CNn 指数。

Z 值指数是指企业第一大股东持股比例与第二大股东持股比例之比。Z 值越大，表示第二大股东对第一大股东的制衡力越弱，反之则表示第二大股东对第一大股东的制衡力越强。当 Z 值接近 1 时，表明第一大股东和第二大股东持股比例相近，即企业不是由最大股东单独控制。

CNn 指数表示企业第二位至第 n 位股东的持股比例与第一大股东的持股比例之比。例如，CN5 表示企业第二大股东至第六大股东的持股比例之和与第一大股东持股比例的比值。CNn 越大，表示该企业的股东制衡程度越高，反之则表示股东制衡制度越低。

下面是丙公司和丁公司 Z 值指数和 CNn 指数的对比（见表 2–2）。

表2–2　丙公司和丁公司Z值指数与CNn指数的对比

丙公司		丁公司	
股东	持股比例	股东	持股比例
A	45%	A	35%
B	25%	B	30%
C	20%	C	25%
D	10%	D	10%
Z值	1.80	Z值	1.17
CNn	1.22	CNn	1.86

上表中，丙公司的 Z 值为 1.80，丁公司的 Z 值为 1.17，丁公司的 Z 值小于丙公司，说明丁公司第二大股东对第一大股东的制衡力更强。丙公司的 CN4 为 1.22，丁公司的 CN4 为 1.86，丁公司的 CN4 大于丙公司，说明

丁公司内股东制衡程度更高。

2.2.4 股权集中度对公司治理的影响

股权结构可分为绝对控股股权结构、相对控股股权结构和不控股股权结构，不同的股权结构其股权集中度不同，对企业治理的影响也不同。

1. 股权高度集中的股权结构对企业治理的影响

在利益趋同的前提下，股权高度集中或绝对控股股东在一定程度上有利于企业的经营管理，一方面减少决策过程，另一方面减少管理成本。

但在利益冲突的情况下，高度集中的股权结构中，控股股东有机会以其他股东的利益为代价追求自身利益的最大化，而非企业价值的最大化。而且，由于控股股东具有绝对控制权，企业的管理机构容易被架空。

2. 股权相对集中的股权结构对企业治理的影响

大股东对企业的控制和管理既有制约性，又有可行性。由于大股东拥有的股权较大，会更有动力执行企业的管理事务。在相对控股的股权结构下，大股东的控制权比较明确，当企业面临市场变化、企业业绩下降或经理人员投资决策失误时，大股东可以代领企业快速做出应对。同时，因为并未形成绝对权力，企业内部对大股东仍可形成制衡。但相对控股因为股权结构多处于衡定状态，缺少变化，企业的组织阶层容易固化，不利于人才发掘。

3. 股权分散的股权结构对企业治理的影响

股权分散就是不控股股权结构，鉴于持股数量不够，任何一名持股人对企业的直接控制力度都非常有限。直接导致的结果是，企业决策机制缺失，面对经营管理中的分歧无法形成一致意见；间接导致的结果是，股东会将更多精力放在获取较高的投资回报上，没有动力参与企业的管理。最终因为受益与成本的博弈，使得分散的股东采用“搭便车”的策略，企业的控制权极易落入经理层手中。

2.3　企业股权设计

企业股权设计的关键点在于股权比例的分配、表决方式的设定、企业控股权的取得和利益的分配模式。

每个企业都会有多名股东，鉴于人性使然，股东一般都会更多地站在自身角度，充分考虑自己的投资目的、投资额度和投资比例，并结合自身优势，设计一套对自己更为有利的股权结构。再参考自己设定的股权结构对比企业设计的股权结构，这几乎是所有股东的内心活动。

但这种基于个人利益目的的股权设计形式是不能用于企业股权设计的，在企业股权设计上既不能只考虑某一位或某几位股东的个人利益，也不能全部考虑所有股东的个人利益。企业股权设计要站在企业的角度，设计出对企业发展有利的方案，只有企业不断强大，股东的个人利益才能更多地被满足。

2.3.1　企业股权设计的类型

企业股权设计的类型也就是股权结构的类型，通常采用“三结构”划分法。

1. 一元股权结构

一元股权结构指股权比例、表决权或者投票权、分红权呈现一体化。

在一元股权结构下，由股权比例决定中小股东的权利。在实际运用中，该结构存在几个表决权的节点。

（1）一位股东持股比例达到66.7%以上。表决权达到三分之二以上，对任何重大事项都可单方面形成有效表决（除非公司章程有对某类事项的股东表决人数作出其他最低限制）。

（2）一位股东持股比例达到50%以上。表决权过半数，可以对常规经营管理事项进行单方面有效表决，但对法律规定必须达到三分之二表决权的事项无法掌控。

（3）一位股东持股比例达到33.4%以上。表决权超过三分之一的股东，虽然无法对企业形成控制，但拥有对重大事项的一票否决权，因为余下66.6%的股权构不成“达到三分之二表决权”，那些法律规定必须达到三分之二表决权的事项将无法通过。

（4）各方均匀持股。通常在创业企业中出现，因为股东人数较少而均分股权，这种股权结构最糟糕，经营过程中的任何分歧都可能会被放大，因无法达成一致而影响企业的生存发展。

2. 二元股权结构

二元股权结构也称为“双重股权结构”。在股权比例、表决权或投票权、分红权之间做出不等比例的安排，将股东权利进行分离设计。通常将股权划分为高、低两种投票权。

（1）高投票权。这类股票每股具有2票至10票的投票权，主要由企业高级管理者持有。作为补偿，高投票权的股票股利低，不准或规定一定年限，一般三年后才可转为低投票权股票，但是流通性较差，而且投票权仅限管理者使用。

（2）低投票权。这类股票的投票权只占高投票权股票的10%或1%，有些甚至没有投票权，由一般股东持有。

百度上市时采用了二元股权结构：在美国股市新发型的股票称为 A 类股票，表决权为每股 1 票；创始人的股份则为 B 类股票，即原始股，表决权为每股 10 票。上市前所有股东持有的股票均为原始股，一旦原始股出售，则为 A 类股票，表决权从 10 降低为 1。

3. 4 × 4 股权结构

4 × 4 股权结构建立在二元股权结构的基础上，将企业股东分为四类：创始人、合伙人、员工、投资人，针对他们的权利进行整体性安排。

所谓"4 × 4"是一个比喻，每一家企业都像一辆车，行业是赛道，创始人是车手。经商本质上是一场比赛，不管是越野赛还是 F1，车手必须要有好的赛车才有机会赢得比赛。但在现实中，很多企业创立了足够长的时间却仍然是一辆"三轮摩托车"或者是一辆"低配代步车"。因此，必须将 4 × 4 架构做到位，让其真正为企业这辆赛车增添动力。

（1）合伙人身份股，是指参与创业的人，无论职务高低和出资多少，一律平均获得该配额的股权分配。

（2）创始出资股，是指现金出资，渠道资源等能评估的对创业很有利的资源，这里不包括外部投资的出资，仅仅考虑创业合伙人。

（3）发起人身份股。创始人为何有独占的身份股？因为在创业早期，必须有一个敢于承担责任的人。25% 是中位数，如果是三人以上创业团队，则该配额不应低于 20%。

（4）岗位贡献股，是指能给企业带来贡献，全职为原则，包括首席执行官（CEO）、首席运营官（COO）、首席技术官（CTO）、首席财务官（CFO）、首席信息官（CIO）、首席营销官（CMO）、首席产品官（CPO）等。根据职位和公司业务导向确定各自比例，建议在均分原则上进行调整。如果是兼职，则最多只能是该岗位全职人员的 20% 股权，其余待全职后才可分配。

2.3.2 企业进行股权设计的目的

企业进行股权设计的根本目的是激发员工的工作积极性，将原本的维持正常运转提升至快速发展轨道。但不同行业的企业、采取不同经营模式的企业、处于不同发展阶段的企业，因为具体情况不同设计股权结构的目的也不同。但我们不将这些目的分开介绍，因为每个企业都不可能只存在单一的情况，而是存在多种情况的结合，因此本书将股权设计的目的进行整体的总结归纳。

（1）凝聚、绑定合伙人团队。企业竞争已越发激烈，经营节奏也越来越快，合作创业的成功率远高于个人创业。虽然企业创立之初往往谈不上利益收益，但随着企业的稳定，度过生存关后，利益切分必然会成为被关注的事情。这时是非常重要也非常敏感的阶段，能平稳度过的企业一定是未雨绸缪的，站在企业发展的角度对股权进行了谨慎的、正确的、共赢的划分，将合伙人长期凝聚在一起，形成团结的极具战斗力的团队。

（2）保护创始人 / 创始团队对企业的控制权。创业企业总会被资金不足的难题困扰，在寻找资金的过程中，股权是最重要甚至是唯一的筹码。于是，很多创业者为了当下而不顾将来，用大量股权换取大量资金。企业的生存得到了保障，创始人 / 创始团队的权利却没了保障，很多创业者在企业发展势头逐渐兴盛的时候被踢出局。因此，创业者从创业的第一天起就要紧绷股权设计这根弦，在用股权保障控制权的基础上进行发展才是有意义的，否则只是为他人做嫁衣。

（3）吸引和留住人才。现代企业的生存竞争，可以概括为人才的竞争，有人说“人力资本分享企业发展成果是企业收入分配体系改革的必然方向”。笔者非常认同这句话，企业的核心命题是价值创造与价值分配，人才既是创造者，也是参与分配者。只有进行正确合理的企业股权设计，才能真正做到吸引人才、激发人才、留住人才。

（4）吸引和约束投资者。曾经创业是“小米加步枪”，创业者通过自身的辛苦努力，一步步积累发展资本。如今创业则不同，资本在创业之初便大规模介入，一边助力企业快速走上正轨，一边通过股权获取收益最大化。创业阶段引入资本是好事，但没有合理的股权结构，资本是不愿意进场的，因为很多事例都证明了，缺乏合理股权结构的企业不仅难以长久，即便获得发展，企业内部也是矛盾重重，资本方也必将被裹挟其中。当有资本进入后，一方面通过股权给予资本方应得的利益，另一方面要通过股权设计防备资本做大。

2.3.3　企业进行股权设计的内容

企业股权设计是一项比较复杂的工作，一般情况下包括四个方面的内容。

（1）股权比例的分配。股权是一种基于投资而产生的综合性权利，股权比例决定或影响股东的利益分配，决定或影响企业的管理权与决策权。

（2）股东会、董事会职权及股东会会议通知的设定。公司法第三十七条和第四十六条对股东会、董事会的职权进行了规定，但同时也允许公司章程对其他职权进行规定。因此，企业在进行股权设计时，可以根据实际情况对股东会、董事会职权进行个性化设定。

（3）表决权及表决方式的设计。表决权是股权所包含的一项职权，是股东表达意志的一项重要权利，表决权的行使有很多方法，可归纳为两类：“均一主义”，即无论出资多少，各出资人平等享有统一的表决权；“资额主义”，即出资人按照出资比例行使表决权。

（4）企业控制权的设计。控制权一般包括股权层面的控制权、董事会层面的控制权、企业经营管理层面的实际控制权。常规情况下，失去了相应股权比例就等于失去了相应的控制权，但随着融资的不断进行，创始人/创始团队的股权比例必然会被稀释。这就需要采用一些方法性的设计，来保障创始人/创始团队能够始终掌控控制权。比如，表决权委托、一致行动人、双层股权架构等。

公司法第三十七条："股东会行使下列职权：（一）决定公司的经营方针和投资计划；（二）选举和更换由非职工代表担任的董事、监事，决定有关董事、监事的报酬事项；（三）审议批准董事会的报告；（四）审议批准监事会或者监事的报告；（五）审议批准公司的年度财务预算方案、决算方案；（六）审议批准公司的利润分配方案和弥补亏损方案；（七）对公司增加或者减少注册资本作出决议；（八）对发行公司债券作出决议；（九）对公司合并、分立、解散、清算或者变更公司形式作出决议；（十）修改公司章程；（十一）公司章程规定的其他职权。对前款所列事项股东以书面形式一致表示同意的，可以不召开股东会会议，直接作出决定，并由全体股东在决定文件上签名、盖章。"

公司法第四十六条："董事会对股东会负责，行使下列职权：（一）召集股东会会议，并向股东会报告工作；（二）执行股东会的决议；（三）决定公司的经营计划和投资方案；（四）制订公司的年度财务预算方案、决算方案；（五）制订公司的利润分配方案和弥补亏损方案；（六）制订公司增加或者减少注册资本以及发行公司债券的方案；（七）制订公司合并、分立、解散或者变更公司形式的方案；（八）决定公司内部管理机构的设置；（九）决定聘任或者解聘公司经理及其报酬事项，并根据经理的提名决定聘任或者解聘公司副经理、财务负责人及其报酬事项；（十）制定公司的基本管理制度；（十一）公司章程规定的其他职权。"

第三章 合伙人股权分配机制

合伙人股权分配机制是系统性问题，需要对股权分配的各方面基础性问题进行了解，如通过对成熟企业股权“三观”、股权分配的价值、股权分配的底线原则、股权分配与企业阶段的关系等进行了解，还需要对“股权分配”陷阱加以识别。

3.1 成熟企业的股权“三观”

成熟的企业已经经历过初创期的苦痛和成长期的撕裂，步入了相对平稳的阶段，正在为即将到来的下一个高速发展阶段蓄力。这是一个相当长的阶段，就像人从出生到心智成熟一样，需要跨过很多沟沟坎坎，其中最深的“坑”就是股权，经过多年的积累修正，成熟企业的股权结构一定是科学合理的。

股权分配的核心是人，创始人/创始团队、高管骨干、投资人/投资机构等，将各方的利益以公平、合理、常态化的方式划分到位，是一家企业进行股权设计必有的“三观”。但由于各利益方对持有股权的预期和诉求有着本质的不同，考验着企业股权设计者的功力。

3.1.1 创始人持有股权：掌握企业控制权

万事万物，有始有终。创立一家企业，一定有一个起始点，创始人就是按下起始按钮的人。创始人可以说在企业未成立前就是一名员工，是树立企业核心思想的第一人，是规划企业经营模式的第一人，是打造企业业务模式的第一人。创始人掌握着企业的发展方向，牵动着企业的发展进程，是决定企业生死存亡的最重要的人。

因此，在进行股权设计时，首先要保证创始人的地位。地位体现在控制权上，控制权稳定了，企业的发展之路才能更加顺畅。

有时候，企业并非只有一个创始人，而是数个人组成的创始团队（其中某一人为发起人），团队和谐更重要的要考虑“人和性”，各方的价值观必须高度一致，对企业的未来发展形成一致的规划。“一致”需要建立在公平合理划分利益的基础上，也就是人的心态平和了，才能避免合伙人之间的内耗，全身心地集中精力发展企业。

3.1.2　核心骨干持有股权：股东身份带来的被认同感

“一个篱笆三个桩，一个好汉三个帮”。一家企业想要从创立发展到成就一定规模，不仅需要综合能力强大的创始人 / 创始团队，还需要各类优秀人才的鼎力相助。看看那些叱咤风云的商界大佬，身边都有一众干将，逢山开道，遇水搭桥，助力企业打出一片天地。

除了创始人的人格魅力可以吸引人才外，还需要切实的经济回报。通常情况下，企业核心骨干持有股权并非为了要参与企业的决策，而是看重股东身份带来的股权分红和其他价值回报，毕竟逐利是人人都有的正常的心理。

在逐利之外，股东身份所带来的认同感能够提升骨干为企业付出的内心欲望。就像一个孩子，总是希望得到父母的认同一样，人类天性中就有被认同的渴望。认同感得到了满足所激发的能量是非常巨大的。

因此，针对核心骨干设计股权分配或股权激励方案时，必须重点考虑进入价格、持股比例、退出条件、分红方式等与员工个人利益息息相关的条款。在获得了合理利益之后，员工将获得被认同感，从而激发成就感。

3.1.3 投资方持有股权：保证利益回报

投资是获得利益的必然条件之一，反过来说，人们获得利益的最佳方法是进行投资。企业需要投资方的加入，增加用于经营运作的资金量，投资方也需要找到合适的投资对象，充分利用自有资金。

作为投资方，无论是个人还是机构，都极少会参与所投资企业的实际经营，或者派遣相关人员到所投资企业任职，或者不以任何形式介入所投资企业。投资方只是通过股权投资为所投资企业提供必要的资金，期待在未来获得丰厚的股权价值增长回报，那时或者选择继续持有，或者选择套现退出。

正因为投资的目的是获得利益，因此投资方非常在意保护自己那部分股权所代表的权利，无论是委派董事、监事到所投资企业，以保证投资时所承诺的既定发展方向，还是在投资协议中增加优先认购、优先清算、领售权、随售权等条款，都是基于投资人这一特殊角色所带来的利益诉求。

3.2 成功股权分配的价值

企业之所以从成立伊始就要进行股权设计，是因为股权对于企业具有非常重要的价值。如果企业的股权分配是合理的，在未来的经营管理中企业在面临危机时，因为根基稳固，能更加从容地应对，确保企业在面对危机、解决危机的过程中逐渐强大。

3.2.1 企业良性运作的基础

企业的良性运作从过程上看，是各种因素共同作用的结果，如产品竞争力、上下游资源、市场份额、用户反馈、研发跟进、人才储备等；从结果上看，则是各方均获得到了合理收益，创始人、合伙人、投资人、经理人及其他利益相关方被深度绑定在一起。企业运作的根本是将股权价值作为发展的战略坐标，建立竞争优势获得指数级增长。

具体而言，成功的股权结构可在企业发展中发挥如下价值：

（1）企业良性运作的核心是创始人 / 创始团队的控制权得以保障，权力稳则发展稳；

（2）企业良性运作的脊梁是股东之间的权责利明晰，科学体现各股东之间对企业的贡献、利益和权利，从而使各股东的积极性得以充分的调动；

（3）企业良性运作的隐性根本是合理且恰当的退出机制，其能够极大助益企业在前行路上的稳定；

（4）企业良性运作的显性根本是通过股权设计招揽并留住人才，一切发展都离不开人，有了人才企业才有未来。

3.2.2 稳定内部人心

任何一个稳定的团队，要么有崇高的信仰做支撑，要么有合理的利益来维系。在企业经营中，后者的比重显然大于前者，可以说绝大多数结构稳定的创业团队都有合理的利益分配机制。

既然是分配机制，就需要完整的分配制度，让制度代替权利执行利益划分。最合理的方法就是将股权引入制度中，通过股权划分将利益合理合规地分配到每位股东。当内外部环境变化而导致分配机制不够合理时，及时对机制进行调整，重回合理之路。

但很多企业并未真正建立起这样的机制，仍然是创始人的“人治”，以个人意志进行利益划分就势必会产生利益上的偏私，引发其他合伙人对利益划分的不满，最终导致内部失衡。曾经的背靠背共同进退，成了心离心独抢独占。

3.2.3 引入健康资本

个人进行投资，还要“三观六看九琢磨”，希望达到“不见兔子不撒鹰”的效果，争取投资就能收获好的回报。追逐利益是正常的投资心理，不为获益为什么要投资呢？做慈善多好啊！

所投资的项目需要反复进行考察，方方面面都要符合自己内心可投资的标准，才敢于砸钱。当然，小众市民的投资心理通常是谨慎有余而魄力不足，但这种谨慎也是合情合理的。

投资人、投资机构与小众市民不同，职业寻找可投资的对象，一次性砸出巨资，但并不说明就是“人傻钱多”，这只是职业投资人、投资机构应具有的魄力而已。在魄力之外还有职业敏感性，就是对所投企业进行投资前的详细调查，以确定是否进行投资。而考察的重点之一就是股权结构是否科学合理，有一种说法叫“投资等于投人，加投股权结构”，因此好的股权结构有利于企业进行股权融资。

3.2.4 有利于上市

创建的企业若能上市，对企业的进一步壮大发展具有极大助益，因此很多创业者在创业之初就将上市作为奋斗的目标之一。但上市无论是主板、创业板还是新三板，对企业的股权结构都是有要求的，要求上市标的股权结构必须明晰、稳定。

《首次公开发行股票并上市管理办法》第十三条："发行人的股权清晰，控股股东和受控股股东、实际控制人支配的股东持有的发行人股份不存在重大权属纠纷。"

《全国中小企业股份转让系统业务规则（试行）》第2.1条款："股份有限公司申请股票在全国股份转让系统挂牌，不受股东所有制性质的限制，不限于高新技术企业，应当符合下列条件：（一）依法设立且存续满两年，有限责任公司按原账面净资产值折股整体变更为股份有限公司的，存续时间可以从有限责任公司成立之日起计算；（二）业务明确，具有持续经营能力；（三）公司治理机制健全，合法规范经营；（四）股权明晰，股票发行和转让行为合法合规；（五）主办券商推荐并持续督导；（六）全国股份转让系统公司要求的其他条件。"

3.3　合伙人股权分配底线原则

股权分配的核心是要让各个创始人在分配和讨论的过程中，从心底感觉到合理、公平，过后就快速忘掉这个分配，集中精力为企业服务。显然这种"过后就忘"是一种境界，是个人内心舒畅后的体现，想要达到这种状态，进行股权设计就一定要遵守底线原则，为企业的股权设计的未来和发展保驾护航。

3.3.1 确立核心股东

所谓“人无头不走，鸟无头不飞”，一家企业不管有多少精英人才，但领头人只能有一个，即有一个核心股东。

甲公司由A、B、C共同创立，根据投资份额，三人依次占股40%、40%、20%。其中，A从不参与经营，B只是偶尔来看看，这就等于C在独自经营。三年后，公司产值做到4000万元，在当地有了稳固的市场根基。

随着公司不断壮大，C的心理越发不平衡，自己拼死拼活地干最终只能分得最少的红利，A和B什么都不干却分到了大头。于是C找A、B商量，希望增加一些自己的股份，但被A和B当场回绝。

A的理由是：“如果公司做到今天亏了呢？我们就要承担大部分债务，那时你会不会说是你经营导致的，你自己多承担一些，我们俩少承担一些呢？”

B说：“既然你承担了20%的责任，就分20%的分红。我们承担80%的责任，就该享受80%的分红。”

C生气地说：“如今的责任和分红是按照咱们的出资划定的，如果咱们三个同时参与经营，这么分当然没问题。现在是我一个人在工作，你们坐享其成，我贡献了100%，你们的贡献为零，分红时难道不该考虑个人贡献吗？现在这样分配就是不公平。”

我们不讨论C如何解决这件事，也不关心甲公司的前景。通过该案例可以看到，企业治理的直接目的是解决企业的产权和股东关系。甲公司并未理清股东关系，创业之初只是简单地按照出资比例划分股权，依此进行分红。随着经营的深入与扩展，对于资金的要求逐渐减小，对于人才的需要逐渐增大。因此，在甲公司创立之初A和B的资金是重要的，但度过创业困难期后，C的能力和付出就越发重要了。如果不能够依照贡献划分股权，实际贡献者必然会不满，企业爆发矛盾也将不可避免。

由此可见，在股权划分时要考虑多方面因素，如创业资金、人脉资源、市场领域、技术输出、管理能力等，综合衡量之后选出一位核心股东做“带头大哥”，企业才能更加平稳地前行。

3.3.2　公平、合理、契约

失败的股权分配机制最常见的问题就是“不公平”——不能公平地体现每一位实际贡献者的贡献值。我们都知道，公平是天，合理是地，如果在这个天地之间存在偏斜，做任何事情都将以失败告终。

公平合理的核心只有一条，综合各项因素之后，坚持贡献与回报的一致性，贡献多的人多占股权，贡献少的人少占股权，没贡献的人不占股权。

但是，公平合理说着容易，达到很难。人类的劣根性让我们明白，每个人主观上都会将自己的贡献扩大，将别人的贡献缩小。也没有一套绝对精密的算法能将每个人的贡献值计算，因此有人说“股权设计既不是算大账，也不是算小账”，那么要如何算呢？其实，算是其次的，主要是形成统一的标准，标准之内明确划分贡献值的权重，依此计算每个人的贡献值。也就是说，让每名实际贡献者感受到了相对的公平，股权设计就处于合理范围内了。

同时，股权设计有软硬之分。软的是表面看不到的，是公平合理；硬的是表面上看得到的，是形成契约，白纸黑字做成文件。软设计决定了硬设计写出的东西会是怎样的，而硬设计的记录是软设计的最终诠释。

3.3.3 整体性+阶段性+动态性

股权设计必须考虑企业的整体性，也就是站在企业的角度看问题，而不是单独侧重某一个面。现实中大多数企业在初期股权设计时，都是只考虑一个面或少数几个面，如以创始人的角度考虑，以投资方的角度考虑，以控制权的角度考虑，这些都没错，但还要结合其他各方面综合考虑。企业的发展需要方方面面齐头并进，创始人自己再强，光杆司令也打不赢仗；投资方资金再雄厚，缺乏合适的人才运作也免不了打水漂；控制权抓得再牢，如果企业“死了”也是镜花水月一场。

股权设计还必须考虑企业发展的阶段性，关于这一点，我们将在下一节进行详细阐述，在此强调一句话，企业发展和孩子逐渐长大一样，一岁时穿的衣服，五岁时肯定穿不了，要不断更新。

股权设计最需要考虑的是企业不断发展形成的动态性。动态是相对静态存在的，静态的东西就像一幅画，一次画完可以万世欣赏，这种美无须后世进行修饰。但很多东西是不断发展变化着的，保持静态等于自动放弃了适应发展的能力。现实中一些企业，不仅保持静态，还采用了“傻瓜式”的股权划分方法，教条地将股权分为几块，如创始人股权超过66.7%，市场总监和技术总监各占一部分，再留一小部分作为股权池。认为此后就再也不动了，企业有了“带头大哥”，核心高管有了股权，未来投资者也有一部分利益。

静态的股权结构，仍然是雇佣制关系，并非创业伙伴关系，只是个别人持有小部分股份打工而已，后到来的人才想要获得股权利益权是绝无可能的。

企业发展的每个时期，面对的困难和所需的核心东西是不同的，如前期需要大量资金进行市场铺排，稳定后就需要技术人员发挥更大价值；再如前期开发工作比重大，开发完成后营销推广则成为重点，这些变化是企业发展过程中必会经历的。

因此，固定的、一成不变的股权分配比例并不适合企业发展，对于处在千变万化中的企业来说，股权分配必须是“动态”的。但是，每一次有必要的股权分配比例的调整，都是对人性的考验。

3.4 企业不同时期的股权侧重点

一家成功的大型企业，从创立开始将经历不同的发展阶段，如“初创期→成长期→扩张期→成熟期”，每个阶段的发展重点是不同的，企业的战略设定也不同。同样的道理，随着企业所处的阶段不同，股权设计的侧重点也是不同的。

3.4.1 初创期

初创期的企业就像刚出生的婴儿，非常脆弱，几乎没什么能力，却迈入了商海与其他企业展开竞争。这时，有必要给这个婴儿找一个能保护他的工具，股权就在此时走出来了。而能够将工具的能量彻底发挥出来的，是人才。

毫无疑问，一家初创企业最急需的就是资金和人才，在这两者之间人才更为重要一些，没有钱可以让人才去拉投资。但是如果没有人才，有些问题就不是轻易能弥补的，幼小的企业没有时间等待人才到位。

那么，初创期的企业进行股权设计，哪一个环节最重要呢？此时谈细节性的股权结构还为时过早，毕竟这个阶段什么都在摸索。但是，进入和退出机制是必须要明确设定的，什么人能进入，进入以后如何关联贡献与股权，什么时候增减股权，不合适了如何退出……

但因为创业期的企业各方面都不够完善，股权分配此时同样无法完善，需要在日后的发展中逐步完备。

3.4.2　成长期

成长期是企业从出生到未来成熟，第一个高速发展的阶段。通常已经完成了天使轮和 A 轮或 A+、B 轮融资，企业已经不再为资金和要通过资金完成的工作而担忧，现在需要通过稳定和谐的内部结构将企业的优势发挥出来。

而保障企业内部稳定和谐的基石就是股权分配的科学合理性。融资对企业的影响不仅是经营能力的提升，也是对创业团队的考验，从紧巴巴过日子到突然有了大宗资金，每个人都会或多或少开始关注自己的利益，自己能够随着企业发展获得什么？这是无须回避，也无法回避的现实问题。

通常在天使轮融资之前就要对股权进行谨慎且合理的设计，以便能够达到“股权清晰合理”的目的，顺利完成融资。

天使轮融资完成后，就开始对之前的股权设计进行验证，此时哪里有问题都会暴露出来，这个时候要做的不是隐藏错误，而是直面错误，错哪儿纠正哪儿，在纠错中趋向和谐。

当 A 轮融资完成以后，对股权的验证也基本结束了，股权的问题相继暴露，也相继得到解决，此时的股权结构是健康的。随着业务规模的扩大，需要对业务模式进行复制，同时也要开启内部股权激励方案。

3.4.3 成熟期

当一家企业经过了 B 轮融资，该企业就进入了相对平稳的成熟期，可以开始筹划上市时间了。此时企业股权设计的关键到了保护控制权的阶段，因为在上市之前通常会进行一轮私募融资，企业为了追求更好的业绩或者实现连续性的规模扩张，会选择引入较大的资金，创始人 / 创始团队的股份会被大幅度稀释。

这一轮股权比例的稀释速度要比之前几轮的速度快得多，这是换得企业第二波高速发展所必须付出的代价。

创始人 / 创始团队股权比例下降，是否意味着对企业控制权的下降呢？按照常规同股同权的理解，这是必然的。但在实际操作中有很多方法可以避免在遭到股权比例下降的同时，控制权也随之下降的问题。

当然，保障企业控制权的股权设计，并不是在 B 轮融资时才考虑，而是要在天使轮融资时打下基础，在 B 轮融资之时正式展开。

3.4.4 上市期

企业上市后，可能会有一系列的并购、重组、分立过程，这些都与股权设计相关。仍是股权方面的一些操作，不同的是参与者更多了。很多创业者要实现企业上市并非完全因为“一定要上市”的信念，还有“不得不上市”的限制。

通常情况下，企业在完成了前几轮融资时，会与投资方签订协议，要求企业在若干年内实现上市，否则投资方有股权回购义务。

从法律角度来看，上市的本质是将依赖私募融资的私人企业转变为公众企业。上市之后的融资方式就不再是私募融资，而是在公开市场上募集资金。虽然企业的“钱途”光辉起来，但同时也增加了很多责任和义务，最重要的是公开的信息披露。上市后的企业不仅要对为企业做私募的投资方负责，还要对所有的公众负责。

既然责任和义务多了，为什么更多的企业仍然在努力上市呢？上市的好处究竟有哪些呢？

（1）股份的流动性不一样了。私人企业时，股份只能通过私下交易来完成，成为公众企业后，就可以在公开市场上卖股份。企业在之前给出的期权激励和股权都可以在公开市场上得到变现，使到期权激励的员工可以在公开市场上获得自己的资金回报。

（2）获得一个公开的定价。不管是海外市场还是国内A股，都是挂牌交易的，企业每一天的股价都有公开的市场价格，不再像私募时那样要去询价。

（3）获得更多的融资手段。企业在私募阶段想收购另一家企业，最难的是跟对方谈相互之间的估值。成为公众企业后再去收购上游企业或合作伙伴时，估值、股份数就很容易计算了。

所以，上市期之后，并购、重组，甚至从原企业当中分立出新的企业，都是企业经营者经常运用的手段。可以理解为，上市期这个过程本身就是一个股权过程，企业运作的各种方式也是基于股权。

最后说一句，上市期需要注意的问题对大多数企业来说还比较早。但仍希望大家有一个概念：即便是上市以后，所有一系列的资本市场的动作也都是在“玩股权”。

3.5 识别合伙人股权分配陷阱

无论多牛的团队，多好的产品，多广的渠道，都可能因为股权问题失败在半路。到底该怎么做呢？未料胜，先料败，我们总结出股权分配的一些陷阱，如果你的股权分配方式正好踏在这些陷阱里，就要小心了。

3.5.1 平分股权

出资方的资金比例相等就是平均分配，如两名股东各占 50%，四名股东各占 25%，五名股东各占 20%……

平分股权的形成原因，多数是因为怕谈利益伤感情，就平分了。但因为平分股权而惹来大麻烦的企业大有存在。平分股权导致的最直接后果是股东有同等发言权，企业决策没有“拍板人”。实际经营中一旦发生影响企业正常运作的大事件，股东往往因为个人能力不同、考虑问题的方向不同、面临的个人难题不同，导致无法达成一致意见，无法形成决策。

1977 年，成立仅一年的苹果公司股权结构变更为斯蒂夫·乔布斯、斯蒂夫·盖瑞·沃兹尼亚克、迈克·马尔库拉各占 30%，另一位核心级工程师占 10%。

1980 年，苹果公司公开招股上市，乔布斯股份被稀释到 15%，第二大股东马尔库拉降低到 11%。在公司发展的关键阶段，乔布斯和马尔库拉发生内斗，鉴于自己手中股权不够，为了制约马尔库拉，乔布斯说服百事可乐 CEO 约翰·斯卡利跳槽来到苹果公司担任 CEO。但令乔布斯始料不及的是，斯卡利背叛了他，最终和马尔库拉联手解除了乔布斯的职务。乔布斯无奈出走，直到 1996 年才临危回归。

笔者将股权平分列在“死局”第一位，因为出现的概率最高。创业期的同心同德往往让人忽略了利益对人性的侵蚀。随着企业发展壮大，利益渐多，平等的权利极可能引发“同床异梦”，待彼此之间矛盾升级，结果只能是“同室操戈”，甚至不惜“同归于尽”。

想要解开这个死局，就要消灭平分股权的隐患，要达成理念的共识，合理地评估贡献。这一点并不容易做到，因为涉及人与人之间的情面问题。很多人会想：“我怎么开得了口让对方少拿一点？”但是，事实逼迫我们必须要想清楚，是一时的情面重要，还是长久的发展重要。

3.5.2 按资分配

按资分股就是按照出资额来分股权，它仍是“死局”，原因是只肯定了出资者的固定价值贡献，却忽略了实际经营者创造的增量价值贡献。

甲公司由 A、B、C 三位股东出资创立，A 出资 60 万元，B 出资 25 万元，C 出资 15 万元，股权分配为 A 占 60%，B 占 25%，C 占 15%。因为 B 掌握技术而全权负责经营管理，C 引入一些特殊资源帮助公司发展，A 基本不参与经营。

乙公司由 E、F、G 三位股东出资创立，E 出资 50 万元，F 出资 30 万元，G 出资 20 万元。股权分配为 E 占 50%，F 占 30%，G 占 20%。F 和 G 全权委托 E 负责企业经营管理。

如果只按投入多少得到多少的直接因果关系来看，按资配股好像是公平合理的。但从企业经营的实际来看，一家企业能否做好，资金只是一个因素，还有很多因素必须同时考虑进来，如人力贡献、专业技术、特殊资源等。这两家公司就是明显的“人资倒挂”，虽然资金对于创业企业的起步很重要，但随着经营深入，经营的贡献更为重要。

面对这种情况，应该怎么办呢？必须合理考虑人力贡献等综合因素，再确定持股比例。参考如下两条建议。

（1）甲公司中 A 出资最多，但没有任何资金外的贡献，B 又掌握技术又负责经营，显然是贡献最大的，C 为公司引入重要资源，对公司发展也有一定贡献。调整方案为：A 的股权占比需大幅下调，B 的股权占比要相应提升，C 的股权占比需小幅下调。总之，要以 B 为核心股东，使其拥有对企业的控制权，还需预留部分股份做融资准备。

（2）乙公司中 E 出资最多，经营贡献也最大，F 和 G 出资偏少，经营贡献基本为零。必须大幅下压 F 和 G 的股权占比，是否上调 E 的股权占比要看实际经营需要。通常企业都会预留部分股份为将来融资做准备。可暂时不对 E 的股权占比进行调整，待到将来进行多轮融资时可选择稀释 E 的股权占比，但必须要采用相应的措施保障 E 对企业的控制权。

还有一家企业，称为丙公司吧，由 H、I、J、K 四位股东出资创立。其中，H 出资 40 万元，I 出资 35 万元，J 出资 15 万元，K 出资 10 万元。股权分配为 H 占 20%，I 占 35%，J 占 5%，K 占 10%，预留 30%。I 为公司法人代表，与 K 分别为公司总经理与副总经理，负责公司经营管理，H 和 J 不参与公司日常管理。

丙公司的股权设计非常合理，不仅考虑到了资本与实际管理的贡献差异，还预留出部分股权做融资准备。

H 出资最多，但考虑其不参与日常经营管理，其股份占比相比出资占比打了对折；J出资较少，又不参与日常管理，其股份占比只是出资占比的三成；I出资第二多，又是公司的法定代表人和主要经营者，其股份占比与出资占比持平；K出资最少，但对公司经营管理贡献较大，其股份占比与出资占比也持平。所预留出的30%股权比例可用作将来融资。更为重要的是，I作为公司“一把手”，其股份占比超过33.4%，虽然不对公司形成绝对或相对控制权，但他掌握一票否决权，这也是企业最高管理者拥有最高权力的体现。

3.5.3 唯一股东

唯一股东的情况在当下小微企业中相当普遍，一方面是因为企业规模小，只有老板一个人是股东（或者还有其家人是股东，但考虑家庭属性关系，也可看作唯一股东）；另一方面是老板希望将所有股权拿到手，再通过聘请其他人员的方式进行经营运作。

这个陷阱的根本在于无人帮衬。有人或许会问：怎么无人帮衬呢，聘请来的人不都是帮手吗？

笔者认为，聘用的人绝对称不上帮手，只是打工人，无论其在企业内地位多高，只要和企业的长期利益不发生联系，就只是打工人。所谓长期利益是通过股权形式体现的，只有当一个人拥有股权时，其才会认为这是自己的事业。因为，只有股权才代表所有，其他的所有职位都是经营。

如果你是创业者，就算企业规模尚小，也要注重抓住人才。其实，不是所有人才都愿意往大企业里挤，不少人才更愿意到小企业中发挥能量，在将企业做大的同时，自己也完成了人生的逆袭。因此，如果你认为哪位员工是企业的骨干，是有作为的，可以给他股份，长久留住他，让他跟你合力打拼，一定比单纯地把他当成一名经营者对待受益更大。

唯一股东的坏处不仅是淘不到人才，还会吓跑投资人，想一想谁会愿意投资一个在利益上吃独食的人呢！

3.5.4 股权分散

股权分散的“死”因是“人人都有份，人人都想管或者人人都不管”。

股权分散就是企业的股东过多，谁都出点钱，谁都不实际管理。比如，十几位校友众筹创办了一家咖啡厅。结果，每个人都把自己投资的钱当作充值卡用，没事去喝喝咖啡，但无人愿意管理店铺。

与此对应的是另一家咖啡厅，也是通过众筹形式成立，股东人数更为庞大，超过三十人。这些股东都是自诩“白骨精”的高素质人才，但他们合伙却不是智慧的集合场，更像是一出宫斗剧。所有“白骨精”都是小股东，每个人都对咖啡厅的经营“指手画脚”，彼此间谁也不服谁，都认为自己的模式好，经营决策一日三变，连咖啡定价都忽高忽低。

这两家咖啡厅的结局不用说也想得到，“作死”经营的结果只能是死亡。在股东众多的公司中，人多就意味着关系复杂、圈层林立，如果没有一个可以服众的核心人物，就会是一盘散沙。

因此，创业阶段绝对不能有过多的股东，并且要找出一位能够全职经营的核心股东，赋予其控制权。待到企业壮大后引入投资方，股东数量必然会增长，到企业上市，股东数量会几何式增长，但不影响创始人/创始团队对企业的控制。

3.5.5 小股为尊

小股为尊更通俗的说法是“小股东绑架大股东”。

某公司由A与B两名股东创立，两人分别拥有公司51%和49%的股份，A 是公司的实际决策者。几年的经营相安无事，后招募了一位技术大神 C，为了让 C 尽心工作，A 与 B 各拿出 3% 的股份相赠。公司股权结构变更为：A 占股 48%，B 占股 46%，C 占股 6%，并在工商部门进行备案。

常规状况应该是，C 占股权最少，是绝对小股东，在公司内的分量应该最轻。A 因为持股低于 50%，失去了原本拥有的对企业的相对控制权。但 A 和 B 都拥有“一票否决权”，所以每当两人意见相左时，一边亮出“一票否决权”拆对方的台，一边争取 C 与自己联手。此时形成了一种摇摆局面，即无论 A 加 C 的股份占比之和，还是 B 加 C 的股份占比之和，都超过 50%。只要获得了 C 的支持，就等于可以通过某项决策。

C 也看到了自己的重要地位，他没有选择固定站队，而是在个人利益至上的前提下周旋于 A、B 之间，最终形成了 A、B 被架空，C 成为隐形决策者的局面。

通过上述案例可以看出，当股权设计里存在打破次序砝码的小股东时，就会形成小股东称霸的局面。因此，股权设计的一个重要方面，就是防止企业中的某一个或某几个小股东形成的小集体趁机做大，窃取企业的最高决策权。

第四章

里程碑战略，让股权分配活起来

相对于一步到位的静态股权，动态股权的划分更具灵活性，更容易兼顾到股东的贡献值，也更能适应企业各个阶段的发展需要。

4.1 设定里程碑：分股权的时点

动态股权分配是将股权分配的整次兑现划分为若干次兑现，中间设立“里程碑”，每达到一个可给企业带来实质客观价值的“里程碑节点”时，就进行一次股权分配。

“里程碑”是创业团队共同决定的、可以开始或继续分配股权收益的特定事件。每个里程碑达成后，企业应当根据事先安排重新对股权进行分配。

4.1.1 根据不同发展时期设定里程碑

不同发展阶段所设立的里程碑是不同的，应该反映当时的实际情况。也就是说，股权设计中的里程碑应该是促进发展的一种途径，创始人带领创业团队和其他员工达到里程碑后，应该获得预先规定的股权回报。

各类企业在发展各阶段所面临的情况不尽相同，我们不能面面俱到，只能通过相关举例进行说明，大家阅读过后需要举一反三，结合实际情况，找到适合自己企业的里程碑划分方式。

以产品导向型企业为例，在设置里程碑时，重点思考从产品研发、市场推广直至实现盈利这一过程中间需要经历的重要阶段。例如，可以这样设计（里程碑以“M”代替）：

里程碑 1（M1）：首期产品 U1 成功研制，并通过测试；

里程碑 2（M2）：首期产品 U1 连续 3 个月销售盈利达到 X_1 万元；

里程碑 3（M3）：首期产品 U1 连续 6 个月销售盈利达到 X_2 万元，市场占有率达到 Y_1%；

里程碑 4（M4）：首期产品 U1 持续盈利，市场占有率达到 Y_2%；二期产品 U2 成功研制，并通过测试；

里程碑 5（M5）：二期产品 U2 连续 3 个月销售盈利达到 X_3 万元，市场占有率达到 Y_3%；

里程碑 6（M6）：二期产品 U2 连续 6 个月销售盈利达到 X_4 万元，市场占有率达到 Y_4%；三期产品 U3 成功研制，并通过测试；

……

里程碑 n（Mn）：……

每一个里程碑背后隐含着不同的角色和分工，影响着股权分配的方式和比例。

比如里程碑 1（M1），该企业这一阶段以研发产品为主，所有人力、物力都必然向研发部分倾斜，负责研发的合伙人承受的压力和肩负的责任最大。因此，在预设的里程碑目标达成后，负责研发的合伙人需要获得与自己贡献相符的收益。

再如里程碑 5（M5），此时产品 U1 的市场热度已逐渐消退，但经过各部门的通力协作，取得了预期效果。如今需要着力推广产品 U2，与推广有关的项目部、导流部、媒介部、渠道部、电商部相继肩负起使命。当预设的里程碑目标达成后，这几个部门的重大贡献者需要获得与贡献相符的收益。

4.1.2　以风险水平的变化设定里程碑

我们已经知道，里程碑的制定应该契合企业的不同发展阶段，因为不同发展阶段合伙人所面临的风险是不一样的。一个项目前期的不确定性要大于后期，如果前期合伙人与后期加入的合伙人用同样的标准累计贡献值是不公平的。

比如，甲公司正在研发一款奶茶机，创业团队由 A 和 B 两人组成，都负责产品研发。那么需要几个步骤才能实现收支平衡呢？以表格形式列出甲公司的发展里程碑（不考虑融资情况）（见表 4–1）。

表4–1　甲公司的发展里程碑

企业发展阶段	合伙人面向的风险	里程碑
M0 ~ M1 产品研发	研发失败，后续一切都将成为泡影	M1：产品测试成功
M1 ~ M2 建立销售网络	销售网络搭建失败，产品得不到市场认可，长期亏损	M2：打通主流媒体营销网络
M2 ~ M3 重点营销突破	重点营销失败，长期亏损	M3：某单次累计销售达X_1万元，形成口碑效应
M3 ~ M4 实现收支平衡	成本失控，长期亏损	M4：全网累计销售达X_2万元，实现盈利
M4 ~ M5 ……	……	……

因为产品研发属于里程碑第一阶段，该阶段参与其中的合伙人风险最大，因为产品研发失败等于全面失败，没有一点回旋余地。而建立销售网络是里程碑第二阶段，该阶段参与其中的合伙人所面临的风险要低于产品研发阶段参与进来的合伙人，但要高于重点营销突破阶段参与进来的合伙人。

因此，在产品研发阶段和建立销售网络阶段投入同样的贡献值，但实际贡献的量是不对等的。企业在对外融资时，会通过溢价来反映不同阶段投入的价值。如在产品研发阶段，公司估值为200万元，某初识合伙人投入2万元（为直观，仅将贡献值看作出资额，实际贡献值绝不只包含出资一项），可占有该公司1%的股权；在建立销售网络阶段，公司估值达到400万元，某后加入合伙人也投入2万元，只占有该公司0.5%的股权。估值的溢价就是对承受更高风险的补偿。

总之，企业不同发展阶段所面临的风险不同，这是动态股权分配机制在兑现贡献值、分配股权时能充分注重到的。

4.2 分股权的方法

从企业成立之初就涉及如何划分股权，在未来的经营过程中也常涉及股权的重新调整划分。在动态股权划分的基本前提下，先设定好里程碑节点，再根据合适的方法进行股权划分，在此我们推荐认缴资本调整法和固定股权切割法。

4.2.1 认缴资本调整法

注册资本是股东对企业债务的承担限度，超过注册资本限额，股东将不再承担，即不能追溯到股东的私人财产，这就是"有限责任"的含义。

注册资本分为实缴资本与认缴资本。从2014年3月1日起，公司法将"注册资本实缴登记制"修改为"注册资本认缴登记制"。根据新制度规定，股东在公司章程中可自主约定各股东所认缴的出资额、出资方式、出资期限等。

认缴注册的好处是，企业在申请注册登记时，先拟定并承诺注册资金数额，但并不需要将该笔资金缴纳到企业银行账户中，更不需要验资来证明该资金实际是否到位。这样就会使得原本用来衡量一家企业实力和承担债务能力的“实缴资本”不再闲置于账上，而是运用到了企业的经营过程中。

因此，公司章程需要做出明确：股权分配、红利分配、新增资本、股东会投票、剩余资产分配，都必须按照“认缴资本的比例”进行。

甲公司由 A、B、C、D 四人创立，四人一致决定认缴注册资本为 100 万元，并分别出资 4 万元、3 万元、3 万元、1 万元为实缴资本，认缴资本的出资比例由四人初始的实缴资本比例决定（见表 4–2）。

表4–2　甲公司成立时股东的股权比例

股东	实缴资本（万元）	认缴资本（万元）	按认缴资本（股比）（%）
A	4	40	40
B	3	30	30
C	2	20	20
D	1	10	10
合计	10	100	100

在公司正式运作后，A、B、C、D 分别向公司注入资金 5 万元、4 万元、7 万元、5 万元。财务上将做增加实缴资本处理（见表 4–3）。

表4–3　甲公司增资后股东的股权比例

股东	实缴资本（万元）	认缴资本（万元）	按认缴比例（股比）（%）
A	4+5=9	40	40
B	3+4=7	30	30
C	2+7=9	20	20
D	1+5=6	10	10
合计	31	100	100

在公司经营一段时间到达第一个里程碑节点后（企业根据实际情况设定里程碑节点），A、B、C、D 四位股东的贡献值已经发生了变化，其中 C 和 D 分别向公司再增资 1 万元和 3 万元，D 作为公司的主要经营者和资源贡献者，B 是技术贡献者。

这种情况下，就需要根据各自的总体贡献值比例进行第一次股权分配，股东会需出具决议对公司章程中四位股东的认缴出资额做相应修改，并做工商变更（见表 4-4）。

表4-4　甲公司到达第一个里程碑后的股权比例调整

股东	实缴资本（万元）	认缴资本（万元）	按认缴比例（股比）（%）
A	4+5=9	20	20
B	3+4=7	30	30
C	2+7+1=10	15	15
D	1+5+3=9	35	35
合计	35	100	100

在实施完此次股权调整后，四位股东之前累计的贡献值清零，重新开始为下一个里程碑努力。

由此可见，借认缴资本来调整股权比例的方法非常便利，各股东不需要为了调整股权比例专门对企业进行增资，只需做一次工商变更即可。

4.2.2　固定股权切割法

乙公司有三位原始股东 A、B、C，经过奋斗实现了 M1 里程碑节点，为了更好地实现 M2 和 M3 里程碑节点，以度过高死亡率期，分别引入了 D 和 E。假如到达里程碑节点，各股东的贡献值见表 4-5。

表4-5　乙公司各股东贡献值

	M1贡献值	M2贡献值	M3贡献值	M4贡献值
待分配股权	10%	20%	20%	……
A	6万元	3万元	4万元	……
B	3万元	3万元	1万元	……
C	1万元	1万元	8万元	……
D		3万元	9万元	……
E			7万元	……
合计	10万元	10万元	29万元	……

上表中，M1 里程碑节点对应的 10% 股权，只能分配给此前加入的股东（A、B、C），后加入的 D 和 E 不享有；M2 里程碑节点对应的 20% 股权，也只能分配给 A、B、C、D 四位股东，其后加入的 E 不享有。

具体的股权分配计算，以丙公司 M2 里程碑节点的股份计算为例（见表 4-6）。

表4-6　丙公司M2里程碑节点的股权分配计算

	实现M1的贡献值及比例		累计分配的股权	工商登记持股比例	实现M2的贡献值及比例		第二次分配的股权	累计分配的股权
A	6万元	60%	6%	60%	3万元	30%	6%	12%
B	3万元	30%	3%	10%	3万元	30%	6%	9%
C	1万元	10%	1%	10%	1万元	10%	2%	3%
D					3万元	30%	6%	6%
待分配股权			10%				20%	
合计	10万元	100%	10%	100%	10万元	100%	20%	30%

有一点需要注意，工商登记的只是名义上的股权，企业未分配的股权池仍然可以继续分配，然后到工商部门变更即可。

此时会有人要问，这样做好像永远可以留有剩余股权比例用于切割，也就是企业永远都有股权池用于激励后加入的成员，但股权池越来越小，激励作用能有多大呢？其实，股权池越来越小只是表面上看到的，当企业价值增大后，股权价值也会随之增加，股权池的剩余价值也将随之增加。

4.3　合理预留股权池

在进行动态股权设计时，预留股权池非常重要。但在现实中，很多企业经营者并不清楚股权池的优势与风险，因此在预留股权池和对预留股份的操作上犯了很多错误。为此，我们用单独一节来阐述这两个问题，力求让更多的企业从中得到启发。

4.3.1　股权池的优势与风险

1. 预留股权池的优势

（1）延期激励，延长激励效果。股份预留是一种准股权激励的行为，企业有空间让核心人才和业绩突出的员工享受到长期激励。

（2）为企业发展留住人才。在不损害或减少创始人 / 创始团队股权的前提下，留住内部人才和外聘人才，以应对人才的不断流动和更新。

（3）完善企业激励机制。企业在不断变化中发展着，因此相应的激励机制也应是动态的。

2. 设立股权池需要避免的风险

（1）代持的风险。由于股权池是悬置的，激励对象尚不明确，因此股权池中的股权必须由某一个、某几个或全体股东代持。在企业股权价值日益上涨的情况下，股权代持也可能引发权属争议，即使书面协议约定得很详细。

（2）并未实施股权激励。预留股权池是为了融资和股权激励，但有时候并未进行股权激励，导致员工与企业或股东之间产生巨大分歧。

（3）股权激励时股权池过多或者过少。当股权池预留过多，激励对象的觊觎心将加重，不利于股权激励的展开，应当在公司章程中规定每次实施股权激励的上限；当股权池股权过少，应当在书面协议中约定创始股东同比例转让，或者另行增资等方式解决。

4.3.2　股权池股份代持问题

预留股权的比例由各企业根据情况自定，通常为股权总数的 20% ~ 40%。预留不必过多，多了会激发企业先有合伙人的逐利之心，也不利于控股股东对企业的掌控；预留也不能过少，太少将对人才难以形成吸引力，股权池的意义也就不存在了。除此以外，还要解决预留股权的存放问题，否则股权池的优势仍将难以体现。

A、B、C 三人合伙创办公司，注册资本为 100 万元，其中 A 出资 50 万元，B 出资 25 万元，C 出资 25 万元。按照行业规则，留出 40% 股权用于将来吸收新人和融资。最终股权划分：A 占股 30%、B 占股 15%、C 占股 15%，预留的 40% 股权放在公司。

但是，公司不能持有本公司的股权，预留的 40% 股权属于谁？在此提供三个解决方案。

（1）放在“老大”名下，由“老大”代持。便于股权掌控和将来做股权转让，但容易引发其他合伙人不满，因为代持的“老大”必然会享有预留股的收益。

（2）放在持股平台。如由 A 作为普通合伙人，B、C 作为有限合伙人，成立一家有限合伙公司来持有股权池的预留股权。将来有新人或机构进入时，直接进入合伙公司里。这种方法争议最小，但成本偏高。

（3）几名合伙人平均持有，分别代持。合伙人容易接受，但将来需要进行多次股权转让，流程烦琐。

接下来需要明确的是，预留的 40% 股权对应的 40 万元注册资本谁来出？在此给出两种解决方法：

（1）简单的方法：谁代持，谁出这部分资金；

（2）复杂的方法：合伙人按照各自代持的比例认缴出资，等新人进来时，股权转让到其名下，再由新人出这部分钱。

然而，不论简单的还是复杂的，在实践中都将引出第三个问题——在预留股权分出去之前，股权池的股权所对应的权利和利益由谁享有？

如果 A 出了预留股权的 40 万元的注册资本，持有股权池 40% 的股权，就会享受这部分表决权和 40% 的分红。而 B 和 C 也想出这 40 万元或者出一部分，也想享受相应的权利和利益，怎么办？没有任何理由不允许这二人出这部分钱。

为了解决这个棘手的问题，我们的建议是：仍然由 A 单独出 40 万元，并享有这部分股权的表决权，但分红权在 A、B、C 之间协商分配（作为出资者，可以给 A 多一些分红；或者 A、B 和 C 三人均分）。而且 A 作为公司的掌控人，享有多些的表决权，B 和 C 也并不会有什么意见。B 和 C 最在意的是利益的分配，他们不用出资，却能得到一部分分红，就不会再有异议了。

第五章
将贡献量化，按贡献转化

根据贡献值进行股权分配的重点在于量化贡献，可以通过评估各贡献点的实际价值，贡献的估值浮动与定期评估，不断修正贡献值，再以正确的持股方式将贡献转化为股权。

5.1 评估各贡献点的实际价值

能够为企业经营带来资源、生产要素的贡献理所当然要成为我们识别的贡献点。而且越多合伙人可以参与的贡献，越要设为贡献点；越是某一岗位职责范围以外的贡献，越要设为贡献点；越是容易衡量的重要贡献，越要设为贡献点。

5.1.1 合伙人投入的现金

在“认缴资本调整法”一节中，我们知道了企业注册有实缴资本和认缴资本两种形式，这两种形式下收到合伙人投入的现金有不同的会计处理方法。但对于动态股权分配机制来说，处理方式是一样的，只需将“投入现金”写入合伙人的贡献值记录中。

因企业不同阶段的贡献值所对应的股权数量不同，创业前期投入资金对于企业非常重要，贡献值也会相应放大。但是不是创业阶段投入的现金越多越好呢？对于这个问题，许多正在创业的人一定会回答：“越多越好。”毕竟创业之初就是需要现金开路。然而这个问题的答案是“NO”，即合伙人不应向创业初期的企业投入过多现金，以刚刚够用为宜。

某公司由 A、B、C、D 四人联合创立，其中 A 和 B 负责产品研发，C 负责渠道拓展，D 负责现金支撑。因为 D 财力雄厚，为保障产品研发顺利和渠道快速打通，一次性投入大宗资金，足够支撑研发需要。但其随后又两次追加投入资金，A、B、C 三人并未表达异议，凭借三次注资 D 在公司的股权划分占到 51%。其他三人各占 9%，剩余为股权池。待产品上市后，A、B、C 三人通力合作，持续更新产品和拓展市场，公司很快实现盈利。但随着发展越来越好，三个人对 D 的意见越来越多，认为他只投入现金，现在什么都不需要做，却一人独享一半的红利，还掌握企业控制权。

我们不讨论这家公司的命运，只研究这种预期。D 在企业发展初期投入的大量资金中一部分是暂时不需要的，而且越早的贡献值往往对应越多的股权，因此 D 的贡献值被高估了，对投入其他必要生产要素的合伙人不公平。

对于现金投入，必须做到按需投入，若要支付大额费用，最好全体合伙人都做一定投入，然后将各自投入的现金贡献进行记录。这样既能最大限度发挥现金的使用效率，也能更为公平地评估每位合伙人的现金贡献值。

5.1.2　非执行合伙人投入的现金

非执行合伙人又称为“缺位合伙人”，是不参与企业经营管理的创业合伙人。这类人不是常规的天使投资人，而是我们身边的“3F 投资人”——家人（Families）、朋友（Friends）、爱冒险的“傻瓜”（Fools）。这些人不是职业投资人，通常也不是很富有，凭借对创业者 / 创业团队的信任和情感而投资。那么，该给这些人多少股权回报呢?

在动态股权分配机制下，这些情感支撑者虽然不出力，但也可称为“创业合伙人”。量化他们的贡献值无须复杂设计，就是投入多少计算多少。让他们了解企业的规则，在规则中回报他们的贡献。

这类“3F 投资人”的投资行为几乎都是一次性，不追加，这也是普通人投资的心理体现。最早为企业提供资金的非执行合伙人将在第一次实现里程碑时获得股权。待到里程碑一个一个相继实现，若“3F 投资人”并未继续投入资金，则他们的股权会逐渐被稀释，这是需要事先解释清楚的。虽然相对的股权占比被稀释，但因为企业的价值在快速增加，综合之后的价值是越来越大的。如一个人在一家价值 1 亿元的企业占股 0.1%，另一人在一家价值约为 100 万元的企业占股 10%，其利益要相差 10 倍。

与现金投入并非越多越好一样，非执行合伙人的数量以及他们投入的资金，也并非越多越好，按需引入，够用即可。

5.1.3 全职合伙人未领取的工资

绝大多数创业团队在创业初期都不会给自己开一个市场价格的工资，甚至完全不领取工资。一方面因为创业之初缺少资金，而且资金又是自己投进去的，若再以工资形式领出来，只是没有实际意义的“左手倒右手”；另一方面因为按照市场价格领取工资通常会涉及个人所得税，个人所得税是七级累进税率，只要工资超过 5000 元 / 月就要纳税。

为减少麻烦，又为了避免遭受损失，创业者都会在工资方面做出牺牲。这种牺牲是加分项，最直观的表现是向未来的投资人体现创业决心。

正常情况下，有牺牲就会有补偿。但在现实中大部分创业企业或者已经成功的企业，都没有专门核算或记录合伙人工资方面的隐性损失。如果创业成功了，这一块的损失就不会被提起；如果创业不顺利，不仅是工资，很多损失项都会旧账重提，矛盾越发难解。

衡量合伙人工资损失并不复杂，可以分为三种情况：①合伙人创业与之前从事的行业相同，则按照合伙人之前的工资水平并结合市场平均工资水平计算；②合伙人创业与之前从事的行业略有差异，则按照合伙人之前的工资水平少许打折，再结合该行业的平均工资水平的折后计算；③合伙人创业与之前从事的行业差异很大，则按照合伙人之前的工资水平大幅打折，再结合该行业的平均工资水平的折后计算，还需加上一定的机会成本。

这三种情况下，第①种计算最简单，出现的也最多，毕竟多数人都喜欢在熟悉的领域创业。第②种和第③种计算相对复杂，其中的“少许打折”“大幅打折”“折后”具体代表多少，要结合实际情况而定，还要经过与合伙人具体沟通。第③种的“机会成本”是指合伙人如果没有创业，只是改换行业了，可能当下工资会减少，但可能因为找到了更加适合的行业而使个人价值快速提升了。

还要注意一点，这三种情况下计算的合伙人的工资水平都不是永久固定的，而是要随着年限不断上浮的，这是通货膨胀加个人价值提升决定的。浮动的具体时间跨度和标准视情况而定。

计算出合伙人的工资水平，目的是要将合伙人做出的工作牺牲进行记录，成为贡献值的一部分。比如，某合伙人符合上述第②种情况，经过计算后其每月的工资应该在 15000 元。那么，创业第一年，其对企业的现金投资应该在原投资额的基础上再加一年薪水 18 万元。创业第二年经过浮动后一年薪水为 20.4 万元，继续加入其投资额中。再结合其他方面共同得出其贡献值。

5.1.4　合伙人投入的物资设备

万事开头难，创业之初要经过太多坎坷。即便是一些创业所需的物资设备，也需要凑钱购买或者是有条件的合伙人为企业提供。只要是合伙人为企业提供的对创业有用的物品，都应作为贡献，都有机会记入贡献值中。

那么，如何计算物资设备投入到企业中的贡献值呢？有两种处理方式：①产权转为归企业所有，全体合伙人经过协商或参考询价，评估物资设备的价值，然后按照企业的固定资产入账；②产权不转为企业所有，仍由全体合伙人协商或参考询价，评估物资设备的价值，以租赁方式使用，租金记入提供者的贡献值中。

为物资设备进行估值需要注意两点：一是设备贬值，不同种类的设备贬值程度不同，如果是工业设备，贬值幅度较低，若是电子设备，贬值幅度较高；二是零碎的物资，如办公文具、日常用品等价值太小且公私难分的物资，不可作为贡献点。

5.1.5　合伙人参与创业前的知识产权

如果合伙人在创业时将其创业前所拥有的知识产权一次性投入，该如何计算其贡献值呢？这需要区别对待，知识产权分为以下几种类型。

1. 商标权

合伙人将自己拥有的商标转到企业名下，分为两种情况。

（1）如果是没有做过宣传或宣传力度可以忽略不计的零 / 近零知名度商标，企业拥有之后只是省去了注册全新商标的费用和时间。建议贡献值按照注册一个新商标所花费的成本即可，包括一般费用和所需时间。

（2）如果是经过大力宣传的有一定知名度的商标，企业拥有之后对产品销售助益很大。建议参照市场价和之前该合伙人为该商标投入的宣传成本，再结合该商标为企业节省的拓展市场的经济成本和时间成本，全体合伙人共同协商合理的购买价格，以这个价格作为该合伙人投入商标的贡献值。

2. 著作权

著作权包括文学、剧本、音乐、美术、影视作品、工程设计图、产品设计图、模型作品、地图、示意图、软件等创作的著作权。

著作权的发表权、署名权、修改权、保护作品完整权，这些权利是不能转让的，是作者固有的权利。

著作权的复制权（印刷、复印、翻录等权利）、发行权、出租权、展览权、表演权、放映权、广播权、摄制权、改编权、翻译权、汇编权等是可以转让的。

从事文化创业产业会涉及著作权的转让，衡量著作权的贡献值非常困难，因为著作权几乎都是唯一的，市场的交易价格没有可参考性，更为重要的是，著作究竟价值几何要投放市场后检验，很难提前预估。

建议以销量来提供一定版税的方法体现贡献。例如，某创业团队利用A合伙人的游戏脚本开发软件，每卖出一件就给合伙人交200元版税，每月统计一次。如果A选择不领取版税，则记入其贡献值。

3. 专利技术和非专利技术

专利技术是经过专利管理当局注册的，处于有效期内的专利所保护的技术。非专利技术是没有经过专利管理当局注册的技术，但仍然具有很大价值。

如果某合伙人在参与创业时将之前拥有的一项专利技术或非专利技术授权给创业企业使用，应该如何确认该合伙人的贡献值呢？可以分为两种情况。

（1）对于授权后，离开该合伙人仍能正常实施的技术（并非该技术质量不高，或许该合伙人教授详细），全体合伙人可以共同评估该技术对企业未来所能产生的价值，如节省多少开发成本（经济成本、人力成本、时间成本等）、提高多少生产产量，再协商一个转让价格。

（2）对于授权后，离开该合伙人就实施不了的技术（或许该技术特别深奥，或许该合伙人有所保留），可以要求该合伙人签署长期工作协议，将其绑定在企业。若该合伙人同意签署此类协议，也能够认真教授技术，则在评估该技术对企业未来所能产生的价值时，可相应提高预估价，也可给予高贡献值；若该合伙人不同意签署此类协议，则在评估该技术对企业未来所能产生的估值时，要大幅压低预估价，更不能给予高贡献值。

5.2 数字化你的贡献

将合伙人的贡献数字化，就是将贡献通过一定的计算方式得出。也只有运用科学的股权比例计算公式进行评估，才能得出让每位股东都信服的股权分配方法。在此笔者为大家介绍一个被广泛认可的公式和如何进行投入要素的估值浮动与定期评估。

5.2.1 估值浮动

A、B、C 三人联合出资创办一家废水处理厂。其中，A 出资了 h 元，并贡献出创业场地，该场地市场估价为 h_1 元；B 出资 k 元，并附带污水处理的核心技术一同加盟，该技术市场估价为 k_1 元；C 出资 m 元，同时零薪酬担任公司的财务总监，以该职位的市场平均月薪和 C 的工作能力得出其

应得年薪为 m_1 元。

那么，该废水处理厂初建的总资产为：$h+h_1+k+k_1+m+m_1$ 元，如何划分A、B、C三人的股权比例呢？

我们将这些资产总和记为T，其中A的总资产为 $h+h_1$ 元，记为U，那么A的股权比例计算公式为：（U÷T）×100%。

公式虽然简单，但难度在于创业团队要根据市场价值，如实折算每名创始股东的实物资本和其他投入要素的折合资本。

但是，上述公式只是最理想化的股权比例计算方法，在具体操作中存在很多变化。尤其是创业初期，每名创始股东的各种投入要素的稀缺性和对企业的价值相关性存在差异。

例如，有些创业企业急缺资金，现金出资者在这个阶段的贡献值就大一些；有的创业企业急缺人才，带着技术加盟的创业股东在这个阶段的贡献值就大一些；有的创业公司急需打开销售渠道，有这方面资源的创业股东在这个阶段的贡献值就大一些。总之，对于最迫切、最稀缺的要素，创业团队应当适当放大估值比例。

对大部分创业企业而言，创业初期最需要的是资金，因此创业团队应对资金的价值进行放大，此时不能按照1∶1的方式，可以按照1∶1.2、1∶1.5、1∶2等方式。A在创业初期投入资金40万元，如果按照1∶2的方式进行估值，A的投资金额就是80万元，该公司创业团队在进行股权分配时，就应按照80万元进行价值估算。

除投资资金外，有些创始股东还会进行实物资产投资或技术入股。创业团队要根据紧要和吸取程度对各类投资要素进行辨别。实物资产投资常被视为现金投资的延伸，但被认定为企业实物资产的投资要满足两个条件：一是企业的核心资产，二是为经营而特意购买的实物。×公司的核心项目是网络开发，那么B贡献的高端网站服务器就是该公司的核心资产，C为了大家吃饭方便贡献的冰箱和微波炉就不能算作实物出资。

最后强调一种特别情况——时间资本。时间看不见摸不着，却能创造价值，它是在创业过程中逐渐投入进去的，那么每名创始股东对企业的投入及其股权比例，可能会因为个人的贡献不同而处于动态变动中。动态的往往是难以量化的，需要在股权比例划分方面进行更全面的考虑。

5.2.2 定期评估

在创业项目启动之前，要事先预估每个创始股东的综合投入价值，并据此预估各创始股东的股权比例。

E、F、G三人合伙创办食品加工厂，主营各种辣条。其中，E只投入场地，市场估价为35万元；F只投入核心技术，根据相关技术的生产力及当时的市场条件估价为20万元；G只投入资金25万元。这样E、F、G的投资总额为80万元，在不考虑任何其他因素的情况下，根据上节讲过的股权比例计算公式可以得出：E的股权比例为35万元 ÷80万元 ×100% = 44%；F的股权比例为20万元 ÷80万元 ×100% = 25%；G的股权比例为25万元 ÷80万元 ×100% = 31%。

实际经营中，三人继续发挥各自所长，E负责食品加工厂的整体运营管理，F负责食品加工厂的产品生产；G负责食品加工厂的原材料引进和销售渠道搭建。

根据当时的市场行情，E的年薪在12万元左右，F的年薪在8万元左右，G的年薪在15万元左右。由于是创业初期，该公司只有G投入的25万元这一笔资金，应对G的25万元资金进行1.5倍加成。

因此，创业第一年E的投入资本预估总额变为35万元+12万元= 47

万元；F的投入资本预估总额变为20万元+8万元＝28万元；G的投入资本预估总额变为25万元×1.5+15万元＝52.5万元。三人合计投资总额变更为127.5万元。根据股权比例计算公式可以得出：E的股权比例为47万元÷127.5万元×100%＝37%；F的股权比例为28万元÷127.5万元×100%＝22%；G的股权比例为52.5万元÷127.5万元×100%＝41%。

同时，三人还准备预留出35%的股权池比例，即每个人的股权比例都相应削减35%，最后得出E、F、G的股权比例分别为24.05%、14.3%、26.65%。

通过这个案例可以看出，动态的预估比静态的评估更能合理地反映每个创始股东的资本占比。但"更合理"不代表永远合理，每一项投资要素随着时间的推移对企业的重要程度会有改变，或者持续上升，或者持续下降，也或者会失去价值。因此，我们需要引入定期评估原则，对每名创始股东在某固定时段内对企业的贡献进行评估，以确定下一阶段的股权分配调整策略。

仍以上述食品加工厂为例，在创业之初G投入的25万元资金非常重要，因此进行了1.5倍处理。但在公司经营步入正轨并不断获得盈利后，最初的25万元资金投入对企业的影响力越来越小，企业后期经营投入完全依靠获利，而企业利润的获得来自E、F、G三人的共同努力。该企业在进行第一次股权激励时，G的份额被相应减少，以此来调节个人后期努力和前期投入之间的不平衡。

对于多长时间进行股权定期评估的问题，建议根据企业业务发展的需要而定，可选择每年评估一次或每三年评估一次。不应过于频繁，也不应长期不实施。

5.3 贡献值变现

接续上节的话题，定期评估能够修正动态股权分配中的贡献值，进而对股权进行合理性调整。那么，是不是贡献值只用于累计呢？有没有将贡献值变现的方法呢？本节我们从贡献点的可变化性、计提时点和贡献值回购上切入，看看如何实现贡献值变现。

5.3.1 注意贡献点的变现性

一些贡献点可以根据合伙人的个人意志或在特定情况下选择提现，这就是贡献值的变现性。之所以能够这样做，是基于贡献值的计量原则——能与现金互换。该原则让贡献值具有实实在在的现金价值，而非虚拟的值。有了这项选择权，合伙人能够自主支配自己的贡献值。当看好企业未来的股权价值，就选择积累贡献值，未来可转化为企业股权；当认为企业前景不值得投资，会选择变现。

相比于必须将贡献值进行累计的规定，自主支配更为人性合理，合伙人在对企业付出的过程中，不仅能获得经济收益，还能收获更多尊重。

那么，约定变现具体怎样做呢？以某公司的销售环节为例，A 合伙人的贡献点为获得客户订单，贡献值为销售额的 5%。

合伙人在获得该贡献值后，可以在十天内提出提现要求，十天过后未提出提现要求则默认为累计贡献值，提现权失效。

之所以要约定期限，是防止合伙人长时间观望，给企业造成不良影响。企业发展总是伴随不确定性，而随着时间推移，不确定性会逐渐明朗。若企业发展良好，合伙人选择累计贡献值，难免会惹人非议；若企业发展不尽如人意，合伙人选择提现，就是典型的火上浇油。因此，允许观望等于剥夺了合伙人忠于企业的机会，毕竟人人都希望给自己留更多的退路。

此外，还应给企业加上保护条款，如当企业账面现金低于 20 万元时，企业有权推迟支付，直到企业账面现金超过 20 万元的 120% 才可支付。做出超过一定金额的约定是为了保障企业运营资金充足，有利于企业经营。

或许有人会想，如果合伙人都选择提现，待企业发展良好后再以现金方式做贡献，获得贡献值，不就可以规避风险了。方法是不错，但要做好两种心理准备：一是贡献值贬值，因为企业发展对应的贡献值不同，前期贡献值比后期贡献值的价值大，当合伙人再以现金进行投资时，贡献值的价值会降低很多；二是无法投资，因为企业要尽量保持现金充盈但不满溢的状态，盈余丰厚时可不接受现金投资，合伙人将面临投不回来的局面。

5.3.2　计提时点

动态股权分配机制一方面强调全面考虑各个合伙人能给企业带来的有用资源——贡献点，另一方面关注这些贡献点能给企业带来的利益价值——贡献值。

计提就是按照贡献值的计算标准，在贡献点带来实际利益价值后，赋予合伙人贡献值。

计提时点则是计算并赋予贡献点、贡献值的时点。

有一些贡献点的计提时点非常明确，发生的时刻就是贡献点的计提时刻。如现金投入、未领取或未全额领取工资、物资设备的投入等贡献值可以直接算出，再如知识产权的投入也可以通过评估的方式测算价值。

那些以达到某一任务为目标的贡献点的计提时点就很不明确，其任务从发生到达贡献点的标准是缓慢的累计过程。如某公司为一名主管销售的合伙人设置的贡献点是销售业绩达到600万元，则该合伙人的销售业绩要从0元一直累计到600万元，中间虽然销售额持续增长，但都不能视为贡献点达成，也无法计算贡献值。

为什么一定要达到贡献点才能记录贡献值呢？一方面是减少不必要的工作量，经常对各合伙人的贡献进行统计记录，是极其浪费人力物力的。另一方面则涉及实际效果，任务的初期累计只是量变过程，从0元到10万元再到50万元，不能真正体现合伙人的能力；任务的中后期就是质变的过程，从50万元到100万元再到1000万元，能够反映合伙人的能力。

5.3.3 贡献值回购

某公司一位负责运营的合伙人，经过四个月的努力，将付费会员从0人运营到300人。但他并不想继续留在公司，选择回到职业经理人的工作状态。这位合伙人离开时就涉及企业要回购其贡献值的问题。

创业过程中很可能遭遇合伙人退出，为合理解决合伙人退出后其所持有的贡献值，必须提前设置回购条款。

其实，企业没有必须回购的义务，企业有权选择回购，也有权选择不回购，主动离开的合伙人没有权利要求企业必须回购。但是，也不能因此就绑定合伙人必须合作到底，如果合伙人确有不得已的原因必须离开，尤其是在已经参与了一定时期的创业，达成了第一个或第二个里程碑时，企业应对离职合伙人的前期付出予以肯定，按照约定的回购条件予以回购。

回购的主体应该是企业，支付方式可选择一次性付清或分期支付。但因为贡献值可以在将来转化为企业股权，其他合伙人可能也希望购买离职合伙人的贡献值，如果允许随意买卖，则与以出资确定股权份额的静态股权划分一样了，在此不赞成这样做。必须由企业回购离职合伙人的贡献值，如果企业缺少资金，又不想分期支付，可由其他合伙人出资购买，但贡献值仍归企业，出资合伙人的出资行为可作为贡献值加以记录。

最后强调一点，如果合伙人是因为损害企业利益或者触犯法律的原因离开的，即便参与了多个里程碑，也不再予以回购，这种情况通常可以强制收回。

5.4　确认持股方式

通常情况下，股东持有企业股权可分两种形式，一种是直接持有，另一种是间接持有。

直接持有是按照股东所持有的股权比例，通过工商登记，成为企业股东；间接持有是股东虽然持有企业的股权，但在工商登记上并不显示。

5.4.1　直接持股

甲公司由 A、B、C 三人合伙创立，注册资本为 100 万元，暂定 A 认缴 40 万元，B 认缴 30 万元，C 认缴 30 万元，三人持股比例分别为 40%、30%、30%，以此向工商机关登记。

但三人共同签署股权分配协议，约定实施动态股权分配机制，每达到一个里程碑，按照贡献值对各合伙人的股权进行调整。

当到达第一个里程碑时，按照贡献点和贡献值的记录，三位合伙人的贡献值全部转换为现金，再加上各自的认缴出资贡献值后，三人的贡献值分别是 49.0 万元、33.5 万元、17.5 万元，所对应的股权比例变更为 49%、33.5%、17.5%。

其中，A 和 B 的股权比例经过第一个里程碑后实现了上涨，而 C 的股权比例则大幅下滑，说明 C 在第一个里程碑过程中的贡献不够，甚至没有贡献，他很可能是只出资不出力。

在以此股权分配比例对公司章程中的持股比例进行变更，并到工商部门进行变更登记后，所有贡献值清零，进入下一个里程碑记录。在下一个里程碑达成时，再次计算并做出相应的股权调整即可。

5.4.2 间接持股

乙公司的注册资本为 100 万元，有 A、B、C 三位合伙人。其中，A 投入一定的现金，并且提供了办公场所，贡献值转化后为 25 万元；B 提供技术，贡献值转化后为 15 万元；C 提供供销渠道，贡献值转化后为 10 万元。三人均为零薪酬创业，为方便讲解，在此不计算薪酬的贡献值。

A、B、C 三人转化后的贡献值为 50 万元，那么先对这 50% 的股权按比例分配到各个合伙人，剩余的 50% 股权作为股权池，将来再行分配。但为方便管理，在签署代持协议后，由 A 代持。因此，首次工商登记时乙公司的股权分配为：A 持股 75%（25%+50%），B 持股 15%，C 持股 10%。

乙公司确定前三年每年实施一次里程碑，依据合伙人的贡献值分配剩余股权。第一次里程碑拟分配剩余股权的一半即 25%，第二次里程碑拟分配剩余股权的 30% 即 15%，第三次里程碑拟分配剩余股权的 20% 即 10%。

第一个里程碑达成时，A 的贡献值转化后为 10 万元，B 的贡献值转化后为 5 万元，C 的贡献值转化后为 3 万元。那么，各合伙人所分得的剩余股权比例为：

A 分得剩余股权＝ 25%×10 万元 ÷（10 万元 +5 万元 +3 万元）＝ 13.9%

B 分得剩余股权＝ 25%×5 万元 ÷（10 万元 +5 万元 +3 万元）＝ 6.9%

C 分得剩余股权＝ 25%×3 万元 ÷（10 万元 +5 万元 +3 万元）＝ 4.2%

其中，B 和 C 的总股权计算只需在原有股权的技术上加上分得的剩余股权即可。而 A 的总股权计算需要先抛除代持的 50%，然后将代持中分给 B 和 C 的部分也抛除，最后将 A 自己的部分加上此次分得的剩余股权再加上此次分配剩余股权后的剩余部分，就是 A 此时的股权占比。因此，乙公司在第一个里程碑达成后，三位合伙人的股权占比见表 5–1。

表5–1　乙公司第一个里程碑达成后三位合伙人的股权占比

	认缴资本（万元）	认缴比例（%）
A	25+13.9+（50－13.9－6.9－4.2）＝63.9	63.9
B	6.9+15＝21.9	21.9
C	4.2+10＝14.2	14.2
合计	100	100

除了由某位合伙人代为持有未分配股权外，还可以通过设立持股平台的模式间接持股。设立持股平台同样可以起到让企业股权稳定的作用，更为重要的是，这样做避免了代持股份的潜在风险。关于这部分内容可以参考 8.4 节和 9.1 节。

第六章

加入退出机制

有进入就会有退出，天下没有永不散伙的宴席。想要做到好聚好散，就需要对退出的风险进行防范，对退出机制进行设计。

6.1 对应不同合伙人退出的回购机制

如同“幸福的家庭都差不多，不幸福的家庭各有各的不幸”一样，合伙人加入的理由都可以归纳为：看好创业前景，但退出的情景就没有办法归纳了。有些人退出是因为力不从心，有些人是另谋高就，有些人是被辞退。不同的退出情景需要有不同的回购机制对合伙人的贡献值进行回购。

6.1.1 不全职参与企业经营的合伙人

不全职参与创业的合伙人很多，他们或许投入了现金、技术、渠道、咨询服务、物资设备等方面的某一样或某几样，他们对企业发展同样具有贡献，但与全职参与企业经营的合伙人所做出的贡献不能相提并论。因为不全职参与企业经营的人，有精力和时间去做额外的工作，可以赚取收入，即便创业企业做不好，其损失也在可控范围内。而全职参与企业经营的人，等于将个人未来和企业绑定，如果创业企业做不好，其损失的不仅是当下的经济，还有未来的发展。

因此，在面对这个不全职参与企业经营却对企业发展有贡献的群体时，需要设计一些特殊机制，比如制定贡献值回购条款。

针对尚未转换为企业股权的贡献值，企业有权于贡献值赋予的三年内提出回购，回购时应给予一定年均的复合回报率，超过三年后，该权利自动失效。关于年均复合回报率的数值，不可过低，也不能过高，建议30%左右为宜。

对于已经转换为企业股权的贡献值，就是回购股权，而非贡献值了。例如，某公司规定：有权在贡献值赋予的前五年内，回购对应的已经转股的股权；股权回购的年回报30%与融资价格30%之较高者；五年过后此权利自动失效。

6.1.2　合伙人辞职，退出创业团队

主动离开创业企业的合伙人是非常多的，离开的原因各种各样，我们不做讨论，但他们在企业期间还是有贡献的，面对这些人应该如何进行贡献值回购呢？

这种情况也可分为“未转股的贡献值”和“已转股的贡献值”两种类型，对其制定不一样的回购价格。下面是某公司制定的回购标准，以表格形式列出，仅供参考（见表6-1）。

表6-1　某公司的未转股和已转股的贡献值回购价格对比

贡献值	未转股的贡献值	已转股的贡献值
投入的现金	9折回购	180%回购价和最新融资估值30%之较高者
未领取的工资	8折回购	160%回购价和最新融资估值25%之较高者
投入的知识产权	7折回购	140%回购价和最新融资估值25%之较高者
未领取的年度任务超额完成的奖励金	6折回购	120%回购价和最新融资估值20%之较高者

具体回购价格的制定要结合离职合伙人的工作状况、合伙团队的实际经营和贡献点的设定范围，但有三个原则是需要遵守的。

（1）未转股的贡献值，要在一定折扣基础上回购。

（2）已转股的贡献值，相对于贡献值本身需溢价回购，但相对于企业

的融资估值要打较低的折扣。

（3）岗位职责内的贡献值，回购价格应偏低一些；反之，岗位职责外的贡献值，回购价格应偏高一些。

6.1.3 合伙人被辞退

合伙不是一日入伙，终身有效。当合伙人因工作能力不能胜任、工作态度不达标、经营理念不符合、职业操守不合格或者泄露企业机密、违反国家法律等情况被企业辞退的，股权回购应该怎样进行？是否应该进行回购？

如果是工作能力不能胜任、工作态度不达标、经营理念不合理等与违法违规无关的纯个人原因被辞退的，企业一方面要按既定的人事机制办理辞退；另一方面要公平对待被辞退合伙人所做出的贡献，对其已转股的贡献值、未转股的贡献值予以回购。

如果是职业操守不合格遭到辞退的，要看被辞退合伙人是否对企业经营造成了伤害或对企业经营造成的伤害程度。若是“伤害未遂”或“轻伤”，可以在一定折扣的基础上予以回购；若是造成“重伤”，则要在大幅折扣之后再回购，甚至强制回收。但前提是要提前做好相关规定，有据可依下才能更好地解决这类矛盾。

如果是因泄露企业机密或违反国家法律这种重大违法违规状况被辞退，则无须进行回购，企业将贡献值强制收回即可，作为对企业和其他合伙人的补偿。

6.2　回购涉及的重要问题

涉及利益的问题，从来都不是简简单单就能解决的，总会牵引出各种问题，有能够预料到的，也有无论如何都预料不到的。本节就来探讨关于回购过程中会发生的一些问题，我们无法预料所有情况，仅列出几种具有代表性的问题，引以为戒。在具体操作过程中若遇到其他难解的问题，可咨询法律或财务的专业人士。

6.2.1　回购权归属问题

回购不仅涉及价格，还同时涉及归属权。回购可能发生在企业经营的任何阶段，甚至有的企业尚未正式开始经营，就有合伙人提出退伙。面对回购，已经有了一定经济基础的企业，再加上合理的回购机制，能够轻松处理。但对于创业初期的企业来说，遭遇回购就是很棘手的问题，因为创业企业的现金流比较匮乏，回购又是对现金流的负担。如果每遇到回购，企业都必须跟进，经营将受到巨大影响，甚至无法继续。

因此，要约定回购的归属权只能归属企业所有，合伙人永远没有这项权利。试想如果回购权归属合伙人个体，将是怎样的情况？当一家企业的经营未见起色，而现行离开的合伙人要求企业回购自己的贡献值，结果贡献时间最少的反而成了企业中唯一赚到钱或者不亏损的人，这是很不公平的。

归属企业就是不归属某一个人，而是归属经营管理企业的创业合伙人共有。当企业面临现金流不足的情况时，其他合伙人可以达成暂时不履行回购权的决定，待到资金充盈后再行履行。

6.2.2 未回购的贡献值和股权的待遇

回购权归属企业，企业可视自身实际情况决定是否回购离职合伙人的贡献值和股权，这种机制给予了企业较大的灵活性。

企业自主决定是否回购，什么时间回购，会涉及回购价格变化的问题。最典型的情况就是，在执行回购权前，企业发生了变化，回购的价格也因此发生了变化。某公司达到了预设的第三个里程碑，贡献值转为股权，一位合伙人在里程碑达成前提出离职，但直到里程碑达成后企业才执行回购权，那么该合伙人的贡献值是否应该转股，又该怎样回购呢？

虽然回购越迟，随着企业价值提升，回购的代价也越高，但对于该合伙人的贡献值尚未被企业回购的，也应该一视同仁地转股，转股后再按照股权的回购价格进行回购。也就是说，回购贡献值和回购股权，其回购的价格都应该依据回购那一刻的企业最新状态，而不是按照合伙人离开那一刻的企业状态。

这样做是为了保护合伙人的利益，企业如果想要保护自己的利益，就应该在合伙人离开的那一刻立即展开回购，否则就要冒延迟的风险。简而言之，企业有权选择何时回购，若不回购，等于暂时放弃这个权利，离开的合伙人留下的贡献值和股权享受的待遇与其仍在企业时一样，很可能随着企业发展而增值。

6.2.3 回购价格保护期

接上部分内容。思考，为什么一些企业要延迟回购呢？其实，不是因为太忙，而是故意为之，等待着看企业的具体经营状况，再决定按照哪个价格回购。如果企业发展势头良好，则按照合伙人离开那一刻的价格回购，可以节约不少成本；如果企业发展得不好，并未达成里程碑或对比合伙人离开时有退步，则按照实施回购那一刻的价格回购，也可以节约成本。

如此精打细算并不为人称道，反而是滥用回购权的表现。某公司就进行过相关操作，针对两位离职合伙人，利用信息不对称的实际情况，实施了两种“占便宜”的回购。针对A离职合伙人，一直拖着不回购，直到达成里程碑的前几天，执行回购权回购了A的贡献值；针对B离职合伙人，也是一直拖着不回购，当公司新一轮融资落实的前一天（价值确定会增长），执行回购权回购了B的贡献值和股权。

面对这种很可能发生的不道德的突击回购，有必要为合伙人设定回购价格保护期，即在这个保护期内，如果按照约定的计算标准算出的回购协议价格高于回购执行价格，则离开的合伙人有权要求企业补偿差价。

该保护期的具体时长视企业具体情况而定，在此建议设为1～3个月，过短容易给企业造成经济压力，过长则会让企业钻空子。

6.3 约定退出机制

有进入就会有退出，这是不可避免的。只要制度设计合理，合伙人退出完全可以做到好聚好散。常规情况下的合伙人退出有四种形式——回购退出、上市退出、绩效考核退出、荣誉合伙人按规则退出。

6.3.1 回购退出

2002 年 1 月，时任某公司副总裁的刘某决定离职，并办理股份回购。公司以刘某 1999 年度持有股金 354 万元作为基础，以 1 ： 1 的比例计算，退股回购。但刘某认为 2001 年公司曾利用公积金及股利转增股本，实收资本由 23.2 亿元增加到 32 亿元，他的股本也应随之增加为 4882759 元，并且公司 2001 年度的每股净资产为 3.28 元，并非 1 元。

双方无法达成一致，刘某起诉至当地人民法院，但法院最终判决刘某败诉。因为员工与公司之间是合同关系，并非股东关系，该公司员工的股份是一种分红激励和融资手段。

本案例最终闹上法庭的主要原因是双方对回购价格存在异议。那么，在股权回购过程中该如何定价呢？

1. 回购价格

（1）溢价或者折价。溢价是指高出原来的投资款，折价是指低于原来的投资款。比如，A 合伙人出资 20 万元，退出时为 26 万元，溢价 6 万元；B 合伙人出资 20 万元，退出时为 16 万元，折价 4 万元。

（2）按照估值的一定折扣。引进投资者后，企业的估值一定会高于原值，合伙人的股权或出资额也会相对溢价较多。比如，某公司出让 10% 的股份，本轮获得投资 100 万元，投资后有 10 倍 PE（称“市盈率”或“估价收益率”，市盈率＝每股股价 ÷ 每股收益）的估值。那么，该公司的投后估值为 1000 万元（100 万元 ÷10%）。投后估值（1000 万元）减本轮投资额（100 万元），等于投前估值（900 万元）。此时合伙人可以按照 7 倍或 8 倍的投资额退出，而不能以 10 倍投资额退出。

（3）按照每股净资产或每股净利润。这是一种定时性计算方式，前提是必须保证每股净资产的真实性，需要请外部独立资产评估机构进行评估。比如，某合伙人拥有公司 50 万股注册股，当时公司每股净资产为 2 元 / 股。两年后该合伙人决定退出，此时公司每股净资产为 5 元 / 股，在经过外部机构评估后，决定实施 4 元 / 股的回购价格，因此公司回购该合伙人的股份需要 200 万元。

2. 回购类型

除了回购价格的不同外，回购的类型也不同，可以分为股权退出和合伙金退出。

（1）股权退出是指股东合伙人的退出，其持有的股权由企业回购。

（2）合伙金退出是指非股东合伙人的退出，即以当初缴纳的合伙金按照溢价或折价方式回购。

6.3.2　上市退出

对于股东合伙人来说，能通过上市退出是最为理想的，投资回报最高，社会声望也最好。但是，想要成功实现上市除了具备能力，还要有耐心，因为上市需要较长的等待期，而且能否最终上市成功并未可知。

目前我国资本市场分为交易所市场和场外市场两大类：①交易所市场包括主板、中小板（“一板”）、创业板（“二板”）；②场外市场包括全国中小企业股份转让系统（“新三板”）、区域股权交易市场（“四板”）和产权交易所市场（“五板”）。2021 年 11 月 15 日，北京证券交易所开市，对“专精特新”创新型中小企业提供融资支持。

只有进入场内市场才是真正“上市”，具有 100% 融资功能。“新三板”更多是为中小企业提供融资平台，不能公开发行新股，只能定向增发，因此只能称作“挂牌”，而非“上市”。

主板、中小板和创业板的企业退出比较容易，在锁定期结束后就可以出售或转让所持有的股份，对此我国的法律规定如下。

（1）主板上市企业的控股股东及实际控制人所持股票在企业上市之日起至少锁定 36 个月。

（2）主板上市企业的其他股东，持有主板上市企业股票的，在企业上市之日起至少锁定 12 个月。

“新三板”企业的退出则相对复杂一些，包括锁定期期间内的交易和对转让份额的限制，对此我国法律规定如下。

（1）新三板企业的控股股东及实际控制人所持有股票在挂牌之日、挂牌满一年以及挂牌满两年等三个时点可分别转让所持股票的三分之一。

（2）新三板企业的董事、监事、高级管理人员所持新增股份在任职期间每年转让不得超过其所持股份的 25%，所持本企业子公司股票的，上市交易之日起一年内不得转让。

6.3.3　绩效考核退出

合伙人制度必须与绩效考核结合，实行合理合规的考核标准，目的是正向激励合伙人，达到绩效考核就多分红、多发奖励，达不到绩效考核就少分红、少发奖励，甚至还有可能被踢出合伙人队伍。

下面是某公司合伙人出资额及考核方案（见表6–2）。

表6–2　某公司合伙人出资额及考核方案

合伙人职位	人员数量（人）	每人份数（份）	出资额（万元）	考核备注
品牌总监	1	40	20	营业收入，顾客复购率
技术副总监	1	30	15	需要开发时效，需求满足率
摄影总监	1	30	15	拍摄及时率，照片整体质量
图文处理副总监	1	15	7.5	照片装饰效果
仓储副经理	1	15	7.5	收货与发货效率，年损耗率
份数合计		130	65	
预留		70	35	
总计		200	100	

实施绩效考核要谨防“借口成风”。比如，某位合伙人没能完成绩效目标，找各种各样的理由（市场不景气、资源不到位、人员不匹配）为自己开脱，公司考虑其是销售精英，最终决定不予处罚，照样分红。如此一来该公司的绩效考核便成了摆设，人人都想着找借口，而不是认真工作。

6.3.4　荣誉合伙人按规则退出

2016年8月22日，阿里巴巴集团发布公告，CEO陆兆禧卸任。按照阿里巴巴合伙人退休制度，陆兆禧将被聘任为公司荣誉合伙人。对于为企业鞠躬尽瘁的老功臣来说，成为荣誉合伙人是超越言语的表彰，内含企业对其深深的谢意，对外则传递出企业对于有功之臣的关怀，起到了非常好的激励效果。

那么，阿里巴巴合伙人退休是如何规定的？成为荣誉合伙人又有什么条件呢？

根据阿里巴巴的章程，规定合伙人的年龄与在企业工作的年限相加的和等于或超过60周岁，即可申请退休并担任阿里巴巴的荣誉合伙人。比如，陆兆禧1969年出生，2000年加入阿里巴巴。到2016年时，工龄16年，年龄47岁，相加超过60周岁，符合上述条件。

但荣誉合伙人毕竟还是“荣誉性质”的，只能得到奖金池的部分分配，无法行使合伙人权利。而且荣誉合伙人是对功臣的一种表彰和回馈，切不可滥用，不能让企业的善意变成廉价品。

6.4 股权成熟模式

股权有“未成熟”和“已成熟”两种。已成熟是达到股权兑现条件，名义上的股权所有者变成正式的股权持有者，并能自由支配；未成熟是未达到股权兑现条件，名义的股权所有者资格将部分丧失，且不能自由支配未成熟部分的股权，必要时要退回这部分股权。

股权是否成熟，在动态股权机制中非常重要，可以直观界定股权是否正式由股权所有人所有。因此，股权是否成熟的划定方法必须保持严谨，既要保证企业利益，也要保证个人利益。

6.4.1 按年成熟

将股权的成熟以“年”为单位划分。事先通过协议确定成熟的年限要求（统一年限与分段年限），在满足年限要求后，股权成熟。

A、B、C 三人合伙创业，股权比例是 6 ∶ 3 ∶ 1。一年后 C 决定退出，但他手上还持有公司 10% 的股份。

根据合伙协议约定，股权按四年成熟（干满四年）。具体规则是：每个人的股权被均分为四份，每满一年成熟 25%，四年期满后，所有股权全部成熟。

C 干满一年，他可以享有自己所持股份 10% 的四分之一，也就是 2.5%，剩下的 7.5% 就不是 C 的了。这 2.5% 的股份处理方式，通常是由其余创始人股东按照协议约定的价格进行现金回购。

现在还有最关键的“无主”的 7.5% 的股份的处理，有两种方法：①强制分配给 A 和 B，分配比例可以均分，也可以按照持股比例确定；②以不同的价格按公平的方式分配给 A 和 B，将来可以重新找新合伙人代替 C 的位置。

6.4.2 按项目进度成熟

以一个项目的完成进度对成熟条件进行详细规定。若持股合伙人达到预先约定的标准，可以享有股份，否则不享有。项目完成度可以按产品测试、更新迭代、推出进度、推广效果、达到用户数等指标考核。不同类型的合伙企业要采取不同的项目进度成熟机制。

某创业公司引入一名技术合伙人，其占股 10%，股权成熟模式采用项目进度制。具体方式是：当完成产品的图文设计工作时，股权成熟 1%；当成功研发出新产品时，股权成熟 3%；当研发的产品上市后，销量达到

× 万元，股权再成熟 3%，当产品在质保期内召回率控制在 Y% 以下（不含），剩余股权全部成熟。

项目进度会极大提升持股人员的工作热情，为企业带来更多收益。而且采用这种成熟方式必须坚定施行。比如，预计某项目可能要两年才能实现的用户数，但交给某位合伙人操作后，居然半年就做到了，这种情况下必须要兑现股权成熟。

6.4.3 按融资进度或额度成熟

除了来自企业内部的参考标准外，还可以动用外部的参考标准，融资进度就是不错的参考项。融资的数额可以印证产品的成熟度、资本市场对企业期待值的大小、企业未来的经营走向等。

融资的轮数就相当于融资的进度，前提是健康融资，不对企业控制权产生负面影响。某合伙企业计划完成三轮融资，当完成天使轮融资时，相关合伙人可成熟其股权的 30%；当完成 A 轮融资时，相关合伙人可再成熟其股权的 40%；当完成 B 轮融资时，相关合伙人可成熟其余 30% 的股权。

当融资轮数无法确定时，可根据融资额度实施股权成熟，前提也是只对企业经营发展有益的融资。某有限公司在融资总额达到 500 万元时，相关合伙人可成熟其股权的 15%；当融资总额度达到 1500 万元时，相关合伙人可成熟其股权的 20%；当融资总额达到 4000 万元时，相关合伙人可成熟其股权的 30%；当融资总额达到 1 亿元时，相关合伙人的剩余股权全部成熟。

最后强调一句，按融资进度成熟股权并非主要模式，而是作为辅助股权约定方式。因此，企业在实施时不能简单的以谁融资的贡献大，谁就占据股份多，而需在出资、渠道、资源、日常工作等方面进行综合考评。

第七章

股权激励是动态股权分配的延续

股权设计是一项长期工程，存在于企业发展的各个阶段。当企业进入稳定状态后，创始人/创始团队、核心高管可能都得到了相应的股份。那么为企业发展作出巨大贡献的中基层员工呢？他们是否有资格享有企业股权带来的红利呢？答案是肯定的，必须根据贡献结合股权激励的形式将利益分享给广大员工。

7.1 企业实施股权激励的常见模式与选择技巧

股权激励的模式有多种，每一种都有其适用范围，在实施股权激励之前，必须了解这些模式，再结合企业经营的实际情况和未来走向，找到最适合企业的激励模式。

在此强调一点，选择激励模式绝对不能简单模仿，任何一家企业都有自身特点，激励模式的成功一定是契合自身特点的，模仿只能仿制皮毛，仿不出内在。因此，不能说某种股权激励模式某大企业用得很好就是绝对的好，其实任何一种股权激励模式都有成功和失败的案例。总之，评价某种激励模式的优劣，只能结合企业现状，看能否形成长期的好的效果来定。

7.1.1 七种常见股权激励模式

本节归纳总结七种常见的股权激励模式，仅供参考，具体落地方案需要结合企业实际情况而定。

1. 期股

期股是企业向激励对象提供的一种许诺式报酬制度，其实行的前提条件是激励对象必须购买本企业的相应股份。

由企业出资，贷款给激励对象作为其购买企业股份的投入。所以，得到期股的激励对象对期股拥有表决权和分红权，但暂时没有所有权，只有将用于购买期股的贷款全部还清后，才能实际拥有所有权。虽然表决权和分红权是实的，但是分得的红利激励对象不能立刻拿走，需要用来偿还期股，直到偿清为止。

要想将期股变为实股，需要确保企业的收益达到条件，余出可供分配的红利。如果企业收益达不到条件，不仅期股不能兑换成实股，有可能激励对象的原投入也会亏掉。

因此，期股是先拿钱后得益的股权激励方式，如此激励对象的内心会有不确定性，如果企业经营不好怎么办？自己就遭到经济损失了。这是很现实的问题，任何人都希望自己的经济利益得到足够的保障，而且企业经营有很多不确定因素。但除了这一项缺点，期股还有三个优点。

（1）股票增值与企业增值成正比关系。企业效益提高，企业资产增值，个人所持有的期股也将增值，这将促使经营者更加主动地参与到企业经营和长远计划中。

（2）股票来源多样性。期股既可以通过个人出资购买，也可以通过贷款获得，对于购买股票资金不足者非常有利。

（3）激励对象的股票收益中长期化。可以是任期届满或任期届满后若干年一次性兑现，也可以是每年按一定比例匀速或加速兑现。无论采取哪种兑现方式，都能避免一次重奖暴富的情况，也可以缓解企业高层与普通员工因收入差异过大而造成的矛盾。

期股是一种强制性收益激励和权利安排，对激励对象有很强的约束性和激励性。适合采用期股激励的企业类型有三类：具有明确上市计划的非上市企业、经过改制的国有资产控制企业、国有独资企业。

2. 股票期权

有没有让激励对象先看到收益再投资购入股份的激励方式呢？有，股票期权就是这样的模式。

期权又称为“选择权”，即赋予了激励对象选择的权利，可以选择购买企业股票，也可以选择放弃购买。因此，股票期权不是义务，而是权利。

在这个基础上理解股票期权就容易多了，股票期权也被称为“认股权证”，是激励对象在交付了期权费后，在规定的时间内（行权期）以协议约定好的价格（行权价），购买一定数量的本企业的流通股票（行权）。

具体实施方式是：企业向激励对象发放期权证书，并承诺在一定期限内或实现协议的条件达成时（如净利率增长率得到保障、开发出新一代产品、实现上市等），激励对象可以以较低的价格购买股权。

某公司董事会审议通过了一份股权激励计划，拟定对公司高管和核心技术人员定向发行 100 万份股票期权。行权资金的来源分为两部分，一半由个人自筹，另一半以个人工资为担保的贷款。行权条件有三项：①激励对象在行权的前一年度绩效考核必须合格；②连续两年公司扣除经常性损益后的加权净资产收益率不低于 15%；③行权员工最近三年没有出现过重大违规违纪行为。

本案例中的企业实施股权激励产生了积极作用，企业和个人获得了双赢。那么，股票期权模式的激励具体有哪些优势呢？

（1）保证企业良好增长性。激励对象可以预见未来的收益，能够更加努力地帮助企业实现目标，从而帮助自己达到可行权的条件。

（2）吸引外部人才。能够将激励对象的利益与企业的长期利益相捆绑，稳定内部人才队伍，也可以强挖外部人才。

（3）降低激励对象的资金压力。在只拥有期权期间激励对象不用付出任何资本，在行权出资时也可以工资担保的形式先行得到股权。

（4）将激励对象的经济风险降到最低。企业将股权以较低价格卖给激励对象，当行权时遇到股价下跌，激励对象可选择放弃，所以损失极小，甚至可以说是零损失。

股票期权的激励模式适用于三类企业：①企业所在行业竞争激烈的，以触发员工锐意进取精神；②企业成长性良好的，激励员工更迅速地扩展市场；③人资资本依附性较强的，能更好地使人才与企业产生黏性。

3. 业绩股票

业绩股票也称“绩效股份计划”，通常是在某个时间点企业制定一个合理的业绩目标，在另一个时间点如果激励对象达到了该预定目标，则企业会授予之前约定好的股票份额，或者提取出一定的奖励基金购买企业股票再授予激励对象。因此，业绩股票常被看作一种短期的激励方式，很多企业在具体操作中也将其用以实现短期关键目标。如果期满时，激励对象未能实现企业预定的目标，则当初被许诺的业绩股票不会得到兑现。

实际上这种激励方式并非只适用于短期激励，也适用于中长期激励。因为业绩股票的流通变现通常有时间和数量的限制，如果事先确定的绩效目标是长期的，比如三年或五年内达到，则激励对象要在若干年内通过业绩考核，才能获准兑现规定比例的业绩股票。

某公司决定对销售总监和大区经理实施业绩股票激励规定，如果销售部门在 2019 年底完成 8000 万元销售利润，则奖励销售总监 40 万元、销售骨干每人 18 万元作为购买公司股份的资金。如果只完成 90% 销售利润（含 90%），则奖励递减 10 个百分点，向下依此类推，若低于业绩目标的 60%，没有奖励。如果超额完成销售目标，超额 10%，则在 40 万元的基础上增加 10% 的现金奖励。所有奖励都转化为购买股份的资金，股价以 2019 年初的价格为准。

本案例采用“业绩股票＋股票期权”的方式实施股权激励，一方面可以有效激励销售团队的积极性，另一方面可以控制股份授予的上限。但是，该公司的业绩股票激励采用一年期，属于短期激励，第二年若想继续产生激励效果，需要再次实施激励，不利于公司股份的运作。因此，在实施业绩股票激励时，还需要了解该种模式的优势和缺陷，以便能更好地运用。

优势有以下四个。

（1）作用明显，见效快。通过直观的业绩指标，激励对象更有动力，以便早日获益。

（2）对激励对象的约束性强。激励对象很清楚要想获得奖励就要努力实现业绩。

（3）可操作性强，不复杂。只需股东大会通过就能实施，而且计算相对简单。

（4）可以持续激励。每一次激励之后，就可以进入第二轮激励，滚动操作。

缺陷有以下两个。

（1）业绩目标难以界定。在制定业绩目标时，如何能确定目标的科学性、合理性，这是最难实现的。

（2）激励成本较高。不断的激励，会给企业造成现金压力，因此该激励方式并不适合经常使用，而且只适用于业绩稳定、现金流充足、发展前景良好的企业。

4. 限制性股票计划

限制性股票的实施关键在“限制性”上，虽然每一种股权激励模式都不是无偿就能获得的，都需要一定的条件作为约束，但限制性股权激励的条件更为精准和具有监管力度，是一种对激励对象很有管控作用的股权激励方式。

所谓“限制性”是指对激励对象的两类限制，一方面是工作年限，另一方面是企业业绩。

限制性股票的应用：企业按照预先确定的条件，授予激励对象一定数量的企业股票，但激励对象不得在股权激励计划中规定的条件满足前处置股票，只有在规定的工作年限达到后或完成特定业绩目标后，方可出售企业授予的限制性股票，从中实现获益。如果激励对象未能满足激励条件，则企业有权将免费授予的限制性股票直接收回，或以激励对象购买时的价格进行回购。

对于上市企业和非上市企业来说，这种股权激励方式叫作“限制性股票”或“限制性股份”。在我国，企业在授予限制性股票时，需要遵守《上市公司股权激励管理办法》的规定，因此上市企业在设计限制性股票激励方案时，对获得的条件只能局限于企业的相关财务指标和数据。《上市公司股权激励管理办法》还规定了实施限制性股票激励时应当设置具体的禁限售期，上市企业需根据自身需求设定禁售年限和其他符合上市的条件。因此，实施限制性股票时需要注意以下几个环节（见图 7–1）。

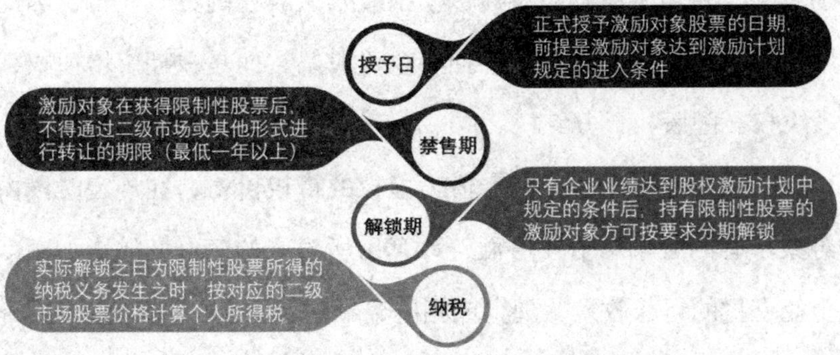

图7–1　实施限制性股票需要注意的几个环节

某公司在“新三板”挂牌后，为实现快速发展，成功转为主板上市，决定执行限制性股票激励计划。在计划中，公司以定向发行的方式授予激励对象150万股限制性股票，占公司总股本的9.26%。其中，首次授予100万股，预留出50万股于首次授予日后的24个月内再次授予。条件则是：从激励计划开始实施后的三年中，每年归属于母公司的扣除非经常性损益后的净利润收入分别不能少于500万元、800万元、1200万元，而限制性股票解除限制的比例均为30%。即该公司的限制性股票的解锁期分别为12个月、24个月、36个月，净利润必须对应500万元、800万元、1200万元。

通过上述可以看出，在实施限制性股票激励时，必须设定明确的时间限制和业绩限制，只有达到了全部条件后，激励对象才能行权。

5. 股票增值权

所谓“增值权”，是从初期企业授予激励对象股票开始，到期末企业股票增值的部分。计算方式是：

期末企业股票市值－期初约定价格＝期末企业股票增值部分

股票增值权是企业授予激励对象的一种权利。激励对象不需要实际购买本企业股票，而是由企业按照激励标准将一定比例的企业股票增值权授予激励对象。相当于激励对象通过模拟股票认股权的方式获得，因此授予股票增值权不是让激励对象真正拥有企业股票，而是只拥有增值权，并不拥有表决权、配股权、分红权。

行权时需按照授予日净资产值为虚拟的行权价格，在规定时段内根据激励对象持有的股票增值权份额，计算出所对应的净资产的增加额度，获得由企业支付的行权收入（现金或相应金额的股票），计算公式如下：

激励对象所得的激励金额＝期末企业股票增值部分 × 企业授予个人

的股票增值权份额

如行权期内企业股价上升（企业授予的股票增值权的股份价格高于授予日净资产），激励对象可选择兑现权利，获得股价升值带来的收益。如行权期内企业股价下跌（企业授予的股票增值权的股份价格低于授予日净资产），激励对象就自动失去激励资格，可以进入下一轮激励周期内。

总之，股票增值权是一种因企业业绩提升带动企业股价上涨，进而带来利润收益的股权激励方式。上市企业在进行此种股权激励模式时，必须考虑企业盈利能力和股价波动等因素。非上市企业因为难以进行合理的估值，股票价格也难以准确确定，所以通常只有即将上市的企业才会采取股票增值权进行股权激励。

6. 账面价值增值权

企业以每股净资产的增加值来激励企业高管、董事、技术骨干、特殊人才等。比较适合非上市企业，因为在企业的财务指标中，每股净资产通常是指股东权益与股本总额的比率，以公式表示为：

每股净资产＝股东权益 ÷ 总股本

所以，账面价值增值权反映的是企业的业绩水准，即每股净资产越高，企业的盈利能力越强，股东享受到的权益越大。

注意，这种增加值不是真正意义上的股票，因此激励对象并不具有所有权、表决权和配股权。但这种激励方式却可以有效避免股票市场因素对股价的影响，因为激励对象最终能得到的奖励和股价并不相关。

具体的操作方式有两种，一种是购买型，另一种是虚拟型。

激励对象在激励计划执行之初，按每股净资产值实际购买一定数量的企业股份，在到期后再按每股净资产期末值回售给企业。这是购买型操作。

激励对象在激励计划执行之初，不用实际出资就被企业授予一定数量的名义股份，在到期后，根据企业每股净资产的增量和名义股份的数量来计算收益，据此向激励对象支付现金。这是虚拟性操作。

正是因为以每股净资产作为参照价格，而一家企业的每股净资产的增加幅度通常很有限，无法充分利用资本市场的放大作用来提升激励价值。因此，这种激励模式更适合那些现金流量比较充裕、股价相对稳定的非上市企业或上市企业。

最后还要强调一点，账面价值增值权是不能流通、转让和继承的，员工离开后将会失去其权益，因此该激励模式有利于稳定员工队伍。

7. 虚拟股票

虚拟股票不是真正的股票，而是企业授予激励对象的一种虚拟的“股票”。这类“股票”不在企业股票总量以内，因此又称为“红利股”。但在企业内部根据规章协议规定，虚拟股票享有与实际股票同样的收益权，也就是说在企业实现了业绩目标后，激励对象可凭虚拟股票享受应得的分红权和股价升值收益，但没有表决权和所有权，更不能转让和出售。在持有者离开企业后，虚拟股票会自动失效。

实施虚拟股票激励，不影响企业总资本和股权架构。虚拟股票只是一种利益驱动下的红利政策，没有丢失企业决策权的风险，并且在实施过程中无须员工实际出资购买，员工没有经济压力，只要努力达到业绩目标就可以获得收益，因此具备足够的激励作用。而且，这种虚拟形式有助于避开因市场不确定因素造成的股票价值贬值，对股票持有者也是利好。

凡事有利就有弊，激励对象出于对获得分红的考虑，会过分关注企业的短期利益。并且在企业业绩达到以后，是必须要兑现分红承诺的，可以用现金形式，也可以用等值股票（实际股票）的形式，还可以用“现金+

等值股票（实际股票）”的形式兑现。因为员工等待分红意愿强烈，会导致企业短时间内承受相当大的支付压力。综合上述优势和缺点可以得出，虚拟股票更适合现金流量比较充裕的企业。

7.1.2 不同发展阶段企业的股权激励模式选择

企业从最初创立到逐渐成熟，可以参照人从出生到成年的各个时期，婴幼儿期→童年期→青少年期→成年期。但企业的阶段划分毕竟没有人生阶段划分得准确，需要在长期的发展中不断归纳总结所处的生命周期。可以分为创业期、发展期、成熟期、上市期四个阶段。每个阶段都有不同的经营方式，也有不同的股权架构和股权激励模式。

1. 创业期

创业初期的企业是很脆弱的，就像人类的婴幼儿时期一样，需要创始人 / 创始团队付出全部心血，呵护其成长起来。

因此，创业期也是孵化期，企业的目标就是活下去。这个阶段企业的创始人 / 创始团队既是管理者也是骨干成员，要利用一切方式为企业吸纳资源——业务资源、资金资源、人才资源等。要达到聚合资源的目的，实施股权激励是很好的方法，但必须考虑一个问题：哪些激励模式适合初创期的企业？

（1）期权激励。主要通过企业股票的增值实现股权激励，激励过程中不涉及现金。期满达到条件时，激励对象就有权购买企业股票。

（2）业绩股激励。当激励对象在某关键岗位任职满一年以上（含一年），或为企业贡献巨大，或实现先期预定的业绩增长幅度，企业应对激励对象实施股权激励。具体做法是，企业同意无偿赠与或低价授予激励对象一定数量的企业股份。

（3）虚拟股权激励。这一模式类似于上市企业实施的虚拟股票激励，只是在初创企业不可能是股票，只能是股权。而且企业要在一定条件的约束下将虚拟股权授予激励对象，激励对象则享受该类股权增值部分的溢价收益或分红奖励，但不会成为企业的正式股东，所以没有所有权、表决权和决策权。显然，这种模式侧重于激励对象在满足条件后得到现金收益，因此该模式更适合那些资金充沛、业绩增长迅速的初创期企业。

2. 发展期

企业来到发展期后，已经有了一定规模。创始人逐渐由直接管理人退身为决策者，企业内部划分职能部门，形成结构化管理。企业已经有了常规化盈利能力和支付能力，对内部员工有了一定黏性，对外部人才也具备了一定吸引力，部分企业已经有在“新三板”挂牌的想法。

如何更好地设计股权激励方案关系到企业未来的发展走向。在这个阶段进行股权激励的最重要的目的是提升企业运营效率。从具体情况入手，可以参考晋商的“身股”与“银股”结合的股权激励方式。

“身股”是纯粹的收益股份，是无须出资而给优秀伙计的一种奖励，不仅为其提升身份，也让其参与经营、管理和分红。依据“出资者为银股，出力者为身股”的理念，出资者将享受“银股”。

“身股”不是严格意义上的股份，而是因能力设置的、不可继承的、不可转让的一种员工激励方式。“银股”是以低于实际价值的价格购买，只有少数被激励对象有条件购买，因此是真正意义上的企业股份。

有些激励对象在看到企业成长性良好，而自己也有一定资金能力的前提下，在企业开放股权激励的时期，选择自行掏钱购买企业股票，这是一种激励对象从“身股”转换为“银股”的方式。“钱在哪儿，心就在哪儿”，非常有利于凝聚人心和企业的持续性发展。在激励对象入股后，要强化企业管理体系的建设，实现流程化、规范化，企业的发展要实现品牌化，保证企业在市场竞争中处于优势地位。

3. 成熟期

企业进入成熟期意味着一切都有了明确的规范，这个时期企业业绩稳定，人员稳定，市场稳定。这种稳定既是企业的福音，也是企业的隐患。因为稳定往往意味着阻碍增多，核心业务可能受到发展限制，滞涨现象开始出现。

为防止“未老先衰”，企业需要根据实际经营需要选择激励模式和设计激励方案，且必须从中长期激励角度出发，通常有四种——业绩股票、股票期权、取票增值权、虚拟股票。

成熟期的企业有的已经上市，有的正在谋求上市，一些不打算上市的企业也愿意和员工分享企业红利。因此，成熟期企业在进行股权激励方案设计时，可根据上市与否进行分析。

企业上市：当激励对象达到行权条件后，可以在二级市场上进行交易，能够获得较高的溢价，实现套现盈利。

企业不上市：激励对象获得企业股份，随着企业的发展，不断实现盈利。

企业上市可以分为两种形式，一种是店面制形式，另一种是事业部制形式。

店面制是传统经营模式的依存，在如今被赋予了新的内容。企业将股份划分在单个店面下，实现激励对象和店面的共同发展。

事业部制是随着共享经济、平台经济、创业经济的发展而出现的。如今，更多企业采用事业合伙人制，组建成立事业部，吸纳更愿意承担风险、更有创新精神的员工，让他们在市场中得到锤炼，成长为有企业家特质的群体。

成熟期企业在进行股权设计时，需要注意哪些方面呢？

（1）应多给予股票期权、虚拟股票等激励模式，尽量减少现金奖励的模式。

（2）股权激励模式可设计多种模式并存的激励方案，以避免激励时产生偏重。

（3）传统类型的成熟期企业，因发展速度放缓，选择和设计激励方案时，应采取多层次兼顾的策略，既要针对管理层进行激励，也要照顾普通员工的利益。

（4）非传统类型的成熟期企业，因为组织形态多为扁平化，选择和设计激励方案时，应以激励大多数员工为基础。

4. 上市期

企业经营到一定规模就会谋求上市，这是企业自身实力的有效彰显。虽然极少数企业在发展到相当规模时仍然不上市，但因为这些企业自身的体量非常大，资金雄厚，可以很从容地经营运作，足以做到利用资本的力量放大股权激励的效果。

下面着重阐述那些发展较快，又需要上市的企业，看看它们是如何实现资本与股权激励的完美融合。

为了保障上市企业股权激励顺利进行，也为了保障股东利益，监管机构出台了明确的约束性政策，股权激励的设计必须满足相关要求。

2005 年 12 月，中国证监会发布了《上市公司股权激励管理办法（试行）》，这是对上市企业实施股权激励计划进行要求的首次试水，其中有基本要求、实施程序和信息披露等内容。

2008 年 3 月，中国证监会又陆续发布了三个“股权激励相关事项备忘录”和两个“监管问答”，进一步完善了股权激励备案标准。

2016年7月，中国证监会发布第126号令——《上市公司股权激励管理办法》，正式规定了上市企业实行股权激励及个人参与股权激励的限制性条件。

下面，结合相关法规要求，深度剖析上市企业股权激励的要点。上市企业股权激励是以本企业股票为标的，对企业的董事、高管、骨干人员进行长期性激励。

我国上市企业股权激励呈现的总体特征有：①民营控股上市企业是股权激励的主力军；②上市企业股权激励中的股票来源主要为定向发行股票；③激励对象中除了董事、监事、高管外，业务骨干和技术骨干的占比明显上升，中小板和创业板该种趋势尤为明显；④在众多绩效考核指标中，以净利润增长率和净资产收益率为主。

最新的《上市公司股权激励管理办法》已经允许“上市公司启动及实施增发新股、并购重组、资产注入、发行可转债、发行公司债券等重大事项期间，可以实行股权激励计划”。于是，有的上市企业贪图在重大事项公布之前、股价相对较低的时间点实施股权激励计划，看起来是占了便宜。但在上述敏感期期间推行股权激励，很容易引发监管机构质疑“存在内幕交易行为”。因此忠告上市企业：实施股权激励本是有利于各方面的好事，不要因为贪图小利而引发不必要的麻烦，进而影响企业的正常发展。

7.2 选择股权激励对象

企业在准备实施股权激励之前，必须慎重决定“究竟该激励谁”？思考这个问题，要从两个方面切入，首先要知道企业内部哪些人是核心人才，其次要知道个人应具备怎样的条件才有资格被激励。

7.2.1 面向三类核心人才开放

企业在选择激励对象时，应该集中在三类核心人才上，即与企业价值观高度相符的人、对企业发展至关重要的人、对企业发展做出重大贡献的人。

1. 与企业价值观高度相符的人

将这一条列在第一位，是因为价值观相符是非常重要的，也是可遇不可求的。价值观的形成有方方面面的原因，而且形成之后几乎就是恒定的。既对企业发展有价值，又和企业价值观高度相符的人，是非常宝贵的，是必须要长久留住的。

与企业价值观相符，就等于与企业创始人的价值观相符，一群价值观正确又契合度很高的人并肩前行，相互之间是很有安全感的。因此，当企业做到一定规模后，一定不能辜负这样的战友。

甲公司实施了一项股权激励计划，以增发的形式授予中层管理人员和核心人员共300万份股票期权。此次激励在企业内部反响很好，令人感动的是对三名最老资格的员工也进行了股权奖励，虽然一共只有7500份，但仍然起到了激励新人和鼓励员工的目的。其实，这三名老员工若以能力评定，并不足以得到股权奖励，但他们认同企业的价值观，一直以饱满的热情和积极的态度参与企业发展，这是大家有目共睹的。

因此，在准备对价值观高度相符的员工进行股权奖励时，就不应该过多考虑一个人的能力和业绩，毕竟能长留企业多年，通常已经具备了相应的能力，也会有不小的贡献。但同时仍要掌握一个平衡点，即价值观要高度相符，能力也不能太低，贡献更不能太少，避免出现有人假借价值观相符留在企业里混日子。

2. 对企业发展至关重要的人

能保证企业持续发展的关键因素是人才，在进行股权激励时，应主要面对关键性人才。

关键性人才可以归纳为“当下英雄”——当下对企业发展助益很大的人，以及“明日之星”——能在未来对企业发展形成有力保障的人。股权激励还是要面向“当下英雄”，对他们的功绩进行奖励，“明日之星”需要在未来做出成绩后，再以成绩进行相应激励。

乙公司准备实施一次股权激励，对象包括董事、高管人员、业务骨干，一共960人，占公司在册员工总数的2.70%。形式是股票期权，数量为13000份，占公司发行总股本的2.85%。在此次激励计划中，有893人为研发、销售等部门的核心骨干。

由此可见，企业实施股权激励不是发放福利，见者有份，而是针对那些能对企业发展起到关键作用的人。

那么对企业发展至关重要的人有哪几类呢？

（1）掌握核心技术、工作内容以及技术研发相关的员工（研发总监、高级工程师、技术负责人等）。

（2）掌握关键运营资源、工作内容以及市场相关的员工（市场总监、核心项目经理等）。

（3）掌握重要销售渠道和拥有大客户的员工（销售总监、区域负责人等）。

3. 对企业发展做出重大贡献的人

通俗地说就是功臣，在企业发展的不同阶段做出过突出的贡献。在一些已经成长起来的企业中，“功臣”是相当敏感的一类人，奖励不够怕功臣有微词，奖励过了怕“功臣”居功自傲。其实，更多是怕其他员工有意见，毕竟企业对待“功臣”的态度可以直接影响其他人对企业的看法。不薄待也不纵容“功臣”，有利于激发新生力量的斗志。

因此，对于有功之臣，企业必须给予适当的奖励，奖励的形式除了工资、福利外，还有企业股份或分红权等。

2016 年，因为微信团队成绩突出，腾讯设立“名品堂”奖励微信团队 1 亿元。“名品堂”是腾讯公司专门针对公司级里程碑产品而设立的最高荣誉，奖励的也是公司最高级别的“功臣”。

7.2.2　如何确定股权激励对象的人数

因为经营性质的不同，有限责任公司和股份有限公司的股东人数上限是不同的。

公司法第二十四条：“有限责任公司由五十个以下股东出资设立。”

公司法第七十八条：“设立股份有限公司，应当有二人以上二百人以下为发起人，其中须有半数以上的发起人在中国境内有住所。”

这两条法规规定了企业创立阶段的股东人数，但并不限制企业未来进行股权激励的人数，并不是说股权激励针对的对象越多越好。具体实践中必须要考虑企业的控制权问题，不宜激励员工过多的实股导致股权分散，影响创始人/创始团队对企业的控制。

根据管理学的“二八定律”，通常是少数核心员工创造了企业大多数价值，在此不做具体量化，企业根据实际情况确定哪些员工是核心人才。只是建议进行股权激励一定要瞄准核心人才，而不是“大锅饭”形式，不要将激励变成福利。同样的道理，也不能过少，让一些做出大贡献的人被排斥在激励门槛之外，不公就会招致员工不满，影响企业内部的稳定。

7.2.3　如何确定股权激励对象的资格条件

不同的企业，因为所在行业的不同、所处发展阶段的不同、所在市场环境的不同、所用经营模式的不同等因素的叠加，股权激励对象的资格条件的划定也是不同的，有的依据贡献大小划分，有的依据岗位性质划分，有的依据工作年限划分，有的依据能力强弱划分，总之企业应结合自身实际情况进行确定。

如甲公司把股权激励对象的资格条件确定为：担任高级管理职务或有高级职称的核心管理层，那么总经理、副总经理、各部门总监等有机会被纳入激励范围。

如乙公司把股权激励对象的资格条件确定为：中层管理人员且在本公司工作满五年（含）以上。

如丙公司把股权激励对象的资格条件确定为：骨干员工具有三年（含）以上本公司工作年限，或者处于关键技术岗位（高级企划师、高级培训师等）。

7.3 明确股权激励数量与价格

激励股权的价格和数量是决定激励力度的关键因素，包括企业应该拿出多少股份用于激励？激励对象的股份所得应该是多少？都不是随便就能制定出来的，需要经过严谨、科学、客观的评估。确定股权激励的数量和价格不只是出于成本和收益的考虑，还是对股权激励计划效果的考量。

7.3.1 影响企业股权激励总量的因素

股权激励计划有效期内授予的股权总量，上市企业应结合本企业股本规模的大小和股权激励对象的范围、股权激励水平等因素确定；非上市企业的股权激励总额度，法律并没有强制规定，企业可根据需要自行决定，但仍然要结合企业的现状，不能盲目设定。因此，设计股权激励总量时需要考虑几项因素。

（1）法律规定。《上市公司实施股权激励管理办法》第十四条第二款："上市公司全部在有效期内的股权激励计划所涉及的标的股票总数累计不得超过公司股本总额的 10%。"

（2）企业的整体薪酬水平。企业的整体薪酬水平与准备实施股权激励的总量成反比关系，如果企业的整体薪酬水平比同行业其他企业偏高，激励总量可以少一些；如果企业的整体薪酬水平比同行业其他企业偏低，激励总量就需要多一些。总之，最终使员工的收入（股权激励所得收益 + 薪酬 + 福利）达到或者超过行业平均水平。

（3）业绩目标的难易程度。企业业绩的完成度除了与员工能力相关外，也与目标的难易程度相关。如果业绩目标的难度较高，则完成难度就大，股权激励就应加大力度，这将导致股权激励的总额增加。反之，业绩目标的难度适宜，则完成难度就小，股权激励的力度也应适当降低，股权激励的总额度也将减少。

（4）企业现有股东的意愿。实施股权激励一定会导致现有股东的股权被稀释，甚至权利也需要一定让渡，因此激励总额度的大小与当前股东关系重大，需要争取他们的意见。若是具有分享精神和长远眼光的股东，会愿意拿出更大总量的激励额度，若是分享精神较差或内部人文环境不佳的企业，能够拿出的激励额度必将受限，甚至有股权激励无法实施的危险。当然，不能单纯为了实施激励而不顾一切，还需要考虑股东控制权及留存股票的最高额度（当下股东所能忍受的股权稀释的最大限度）。

（5）企业的规模和发展阶段。如果企业规模较小，尚处在前期发展阶段，股权激励的总量就该大一些，否则绝对金额小形不成吸引力，激励难以达到最佳效果。当企业发展到较大规模之后，股权激励的总量可以小一些，一则因为企业在发展阶段通过股权激励和股权融资两项，已经散出了大量股权；二则因为企业体量大，虽然用于激励的股权总量小，但仍然能保证绝对金额的吸引力，能够产生有效的激励作用。

（6）激励人数和激励对象的期望值。可以分为四种情况考虑：①如果激励对象的人数较多，且激励对象中有人对企业的贡献很大，贡献大的个体一定对股权激励期望很大，其他个体也会紧盯着贡献大的个体的股权所得，此时要拿出相当数量的股权用以激励；②如果激励对象的人数较多，即便激励对象的期望值不高，也要拿出相对较大的股权总量用于激励；③如果激励对象的人数较少，但激励对象对企业贡献巨大，那么激励对象一定对激励的期望值很大，用于激励的股权总量也应多一些；④如果激励人数很少，对激励的期望值也不高，则可拿出少量股权用于激励，但也要控制下限。

7.3.2 基于中长期收益考量股权激励个量的确定

对于个体额度的确定，需要基于中长期收益予以考量，在此我们推荐依据“3P 元素”——在实施股权激励之前，需考虑岗位因素（Position）、个人因素（People）、绩效因素（Performance），才可以决定授予各个激励对象或各类激励对象的股权份额。

1. 岗位因素

岗位因素具体指岗位的贡献价值。企业中岗位之间从工作性质到贡献程度是有差异的，因此要对岗位在企业中的影响范围、职责大小、工作难度和强度、任职条件等进行评价，以确定各种岗位在企业中的相对价值。

常用的方法有“海氏岗位价值评估法”“岗位分类法”“交替排序法”“IPE 岗位价值评估法”“岗位参照法”“因素计分法”等。

2. 个人因素

对于企业人员的价值评估可以参考很多维度，如价值观认同度、历史绩效、工作能力、责任心、工龄等。不同企业应根据自身情况采用不同的评估方法，但总体可以借鉴以下三个步骤。

第 1 步：选定对企业最重要的几项评估因素。

第 2 步：对各个因素赋予相对应的权重。

第 3 步：通过数据的录入和处理计算出个体的加权得分，作为个人因素的最终得分。

3. 绩效因素

绩效因素决定了激励对象获得的股权最终可行权的数量。绩效指标通常由企业级指标达成率、部门级指标达成率、个人级指标达成率组成。

企业级指标包括企业营业收入、净利润、净资产收益率等；部门级指标通常指部门经营计划的完成情况；个人级指标可从工作任务、岗位职责、流程节点等方面切入。

在实施绩效考核时，除了上述“3P 元素”需要重点考虑外，还应该考虑另外三项，即企业对个人的依赖程度、与其他员工的收入差异、同行竞争企业的薪酬水平。

通常情况下，在企业规模较小时，会对高级管理人员予以 5% ~ 8% 的股权激励额度，这样做是为了快速招揽人才和形成凝聚力。当企业发展到一定规模之后，就不能再以股份比例的形式进行激励，因为涉及的对象多，而股份是有限的，若按股份比例分配将很快消耗掉企业的股份余额。因此，可以按照股权数进行激励，也就是将企业的股本用一个直观的数据表示出来，如 3000 万股、9000 万股等，而准备用于激励的股份数额也用数据表现出来，如 21 万股、131 万股等。

7.3.3　股权激励标的价格的确定——非上市企业

对于非上市企业来说，总股本就是企业的注册资本。而股权激励涉及“标价”，也就是确定每股股价，公式为：

每股股价＝公司估值 ÷ 总股本

确定了标价，却不能以标价进行股权出让，因为标价是企业股价的常规价格，以此价格出售股权起不到激励作用。因此，标价只是参考，“出价”才是实际购买价格。出价可以低于、等于、高于标价，分别称为“折价”“平价”“溢价”。通常情况下，为了起到激励目的，企业会采取折价或送股的方式。

上述我们讨论了定价的基本方式，下面将讨论运用哪几种方法来确定股价。

1. 净现金流量折现法

净现金流量折现法是企业价值评估定价在理论上最为有效的，但对现金流的预估和折现率的选取需要专业的财务知识，也需要对行业前景有准确的预判。在计算公司净现值时，把企业整个寿命周期内的现金流量以货币的时间价值作为贴现率。在确定企业股份价格时，需要按照一定的折扣率确定。

具体运用该方法要注意两点：①对企业未来存续期各年度的现金流量，需要科学合理的预测；②找到一个对各方都合理的公允折现率，折现率的大小由未来现金流量的风险决定，风险越大，折现率越高。

2. 资产价值评估定价法

资产价值评估定价法有以下四个步骤。

第 1 步：对企业的每项资产进行评估，得出各项资产的“公允市场价值”。

第 2 步：将各类资产的价值相加，得出企业的“总资产价值”。

第 3 步：用企业总资产价值减去各类负债的公允市场价值总和，得到企业股价的“公允市场价值”。

第 4 步：设定企业的总股本，用公允市场价格除以企业总股本，得到股权激励授予时的价格。

3. 市场评估定价法

市场评估定价法运用的关键在定价过程中，对同行业中具有可比性的企业进行比较，从而算出本企业的股价价格。因为有横向可比性，所以这是一种相对更加客观、准确的方法。

首先确定参考企业，要求是规模和发展历程与本企业相似。其次根据参考企业的净利润、净资产或现金流量等指标，依次算出各参考企业的相关指标的价值比例和平均比例。再次根据本企业的相同股价指标推断出企业价值。最后是设置总股本，用总价值除以总股本得到企业的股份价值。

4. 其他方法

（1）净资产定价法。设定企业总股本，然后算出企业净资产，用净资产除以总股本，得到企业的股份价值。如设定企业总股本为 2 千万股，企业净资产为 1.2 亿元，该企业股份价值为 6 元 / 股。

（2）综合定价法。综合考虑销售收入、净利润与净资产定价，分别对这几项赋予不同的权重，计算出企业的总资产。再设定企业总股本，用总资产除以总股本，得到企业的股份价值。

（3）有形资产加无形资产定价法。综合考虑企业的有形资产和无形资产，并根据现实情况赋予不同的权重，以计算出企业的总资产。再设定企业总股本，用总资产除以总股本，得到企业的股份价值。

7.3.4　股权激励标的价格的确定——上市企业

《上市公司股权激励管理办法》第二十九条："上市公司在授予激励对象股票期权时，应当确定行权价格或者行权价格的确定方法。行权价格不得低于股票票面金额，且原则上不得低于下列价格较高者：（一）股权激励计划草案公布前 1 个交易日的公司股票交易均价；（二）股权激励计划草案公布前 20 个交易日、60 个交易日或者 120 个交易日的公司股票交易均价之一。上市公司采用其他方法确定行权价格的，应当在股权激励计划中对定价依据及定价方式作出说明。”

具体定价方法依照激励股票的来源——存量或增量而定。

如果激励股票来源为存量，按照《公司法》中关于回购股票的相关规定，激励对象不用出资购买作为奖金性质的股票。

如果激励股票来源为增量，也就是企业通过定向增发的方式取得股票（股票的定向增发），应参考《上市公司证券发行管理办法》中有关定向增发的定价原则，同时结合股权激励的效应予以正确定价。

上市企业定向增发股票的定价公式如下：

定价基准日前 20 个交易日的股票交易均价＝定价基准日前 20 个交易日的股票交易总额 ÷ 定价基准日前 20 个交易日的股票交易总量

其中，定价基准日是指计算发行低价的基准日。定价基准日可以是关于本次非公开发行股票的董事会决议公告日、股东大会决议公告日、发行期首日。

7.4 用于股权激励的股份与资金来源

对企业来说，定期进行股权激励是非常有必要的，可以提升企业与员工的黏性，为企业加快发展打下良好的人力资源基础。但进行股权激励需要股权份额和资金流量来支撑，那么这些股权和资金的来源是哪些呢？

7.4.1　激励股权的来源

在股票来源上，非上市企业的操作很简单，只要现有股东同意有偿出让或无偿让出一部分企业股票即可。但已上市企业的操作就复杂了很多，需要股东大会审批，还需要中国证监会审核。上市企业实施股权激励的股票来源有四种形式。

（1）以定向增发的形式发行的股票。

（2）企业大股东自愿无偿或有偿地拿出一定数量的企业股票，只用于股权激励计划。

（3）企业使用资金（用于激励的营业利润或通过融资等方式获得的资金）从二级市场上直接购买企业股票。

（4）在符合法律法规的前提下，企业采取其他方式获得的企业的股票。

某上市公司在实施股权激励计划时，分为股票期权激励计划和限制性股票激励计划。激励对象为公司董事、高管人员、中层核心人员、技术骨干、业务骨干，本次股权激励计划的股票来源是公司向激励对象定向发行A股普通股，属于发行股票的形式。

对于已上市企业而言，制订股权激励计划一定要表明股票来源，否则即使股东会与董事会通过了方案，也无法通过中国证监会的审核。

7.4.2　激励资金的来源

对于非上市企业，用于股权激励的股票是股东让出，所以不存在资金来源的问题。但上市企业股权激励所用的资金，一定要注明资金来源，通常有四种方式。

（1）激励对象的薪酬：用激励对象的部分工资和奖金购买企业股票用

以激励。

（2）激励对象直接出资：激励对象以自有资金购买企业股票，企业则以有偿形式将股票或期权以优惠价格卖给激励对象。

（3）分红抵扣：可以用企业的部分分红资金，也可以用拥有企业股票期权的激励对象拿到的分红资金，以企业名义回购二级市场上的企业股票。

（4）企业资助：企业或激励对象用其他企业资助的资金，购买本企业的激励股票或期权。

上市企业在实施股权激励时，通常会采用定向增发股票的形式，所以不用企业直接出资，但激励对象要低价购买增发股票或期权。

某上市公司首次实施股权激励，拿出 2000 万份股票期权授予激励对象。在激励计划有效期内的可行权日，每份股票期权都可以以行权价格和行权条件购买 1 股公司股票的权利。公司用以实施激励计划的股票来自公司向激励对象直接定向增发的 2000 万份股票，激励对象在获得公司股票期权时股价为 12.5 元 / 股，激励对象需要直接出资购买。

中国证监会对相关的股权激励有明文规定：上市公司不得为激励对象提供融资和融资担保。

7.5 股权激励的行权条件与考核机制

在讨论股权激励的约束条件之前，先看另一个概念——授予条件。

股权激励的授予条件是指激励对象获授激励股权时必须达到或满足的

条件。对于上市企业来说，授予条件一般涉及两个方面：一个是企业的主体资格必须符合要求；另一个是激励对象的资格必须符合要求。

根据我国相关法律规定，如果企业最近一个会计年度的财务会计报告被注册会计师出具否定意见，或者出具无法表示意见的审计报告，或者出现最近一年内因重大违法违规行为被中国证监会予以行政处罚，或者中国证监会认定的不能实行股权激励方案的其他情形，该企业就不具备实施股权激励的主体资格，不能实施股权激励。

激励对象发生以下三种情形之一的，就不具备获授股权的基本条件：①最近三年内被证券交易所公开谴责或宣布为不适当人选的；②最近三年内因重大违法违规行为被中国证监会予以行政处罚的；③具有公司法规定的不得担任董事、监事、高级管理人员的情形的。

股权激励的行权条件是指激励对象对已获授的股权行权时必须达到或满足的条件。和授予条件一样，行权条件也需要企业的主体资格和激励对象的资格必须符合要求。

实践中，激励对象的行权条件往往落实为一些具体的要求和条件，包括企业业绩和个人业绩。

7.5.1　企业层面与个人层面的业绩条件

业绩条件在企业层面体现在总量指标和财务指标上，如净利润增长率、净资产收益率等。而在激励对象的个人层面上，则体现在考核结果上。业绩考核各企业可自行制定《股权激励计划实施业绩考核办法》，利用业绩考核方式进行企业股权的合理分配，争取激励效果最大化。

行权条件的确定对实施股权激励同样非常重要。行权条件是激励对象在获得股权之后需要满足的条件。行权条件主要落实为量化性指标，体现形式为业绩考核。只有激励对象的业绩考核结果满足条件的情况下，才能行权。

一般而言，授予股权时的业绩考核主要参考以下三个方面。

（1）业绩考核指标体系设置。包括经济增加值、净资产收益率、净利润增长率、每股收益、营收业务收入增长率、企业总市值增长等内容。既能体现激励对象对企业价值的贡献，又能体现企业的盈利能力和市场价值。

（2）具体目标设定。上市企业授予激励对象股权时的业绩水平要求，具体为业绩不得低于企业近年来的平均业绩水平、同行业的平均业绩水平，及激励对象在行权时的业绩水平。

（3）考核结果的运用。想要完善企业的股权激励体系，必须先行完善业绩考核体系，使其更加标准化，具体为能将股权授予、行权及激励对象业绩考核结果紧密结合，最后以业绩考核结果为依据，决定不同的行权比例。

7.5.2 激励对象的个人条件

股权激励实施中对激励对象的个人条件约束非常重要，企业应该根据实际情况制定相关条件。当激励对象违反了企业制定的条件后，将不具备股权激励的资格，或者参与股权激励后违反条件的激励对象将不具有行权资格，之前授予的股权企业可全部无偿收回。下面总结出六项相关条件，这些条件是任何企业在指定本企业对激励对象的约束条件时都应该加进去的，再根据实际情况另行规定其他条件。

（1）激励对象未经公司批准，擅自离职的，丧失股权激励资格。

（2）激励对象未经公司董事会批准，擅自从事关联交易的，或者违反竞业限制（激励对象在本公司工作期间到与本公司有直接竞争关系的公司工作）的，丧失股权激励资格。

（3）激励对象泄露公司商业机密的，已给公司造成巨大损失或者具有潜在巨大损失，丧失股权激励资格。

（4）激励对象恶意侵犯公司财产，丧失股权激励资格。

（5）激励对象严重违反公司规章制度，丧失股权激励资格。

（6）激励对象存在重大过失、严重失职或者徇私舞弊，导致公司遭受巨大损失或者具有潜在巨大损失，丧失股权激励资格。

7.5.3　常用的行权方式

1. 现金行权方式

激励对象通过现金的方式行权，购入企业的股票。如果激励对象在行权时需要纳税，应当根据相关法律规定缴纳税款。

行权后，激励对象持有了企业一定数量的股票，同企业形成了利益共同体，共享收益的同时，也共担风险。这是企业愿意看到的，毕竟激励对象有了更大的动力为企业、为自己创造更多价值。

2. 股票互换方式

激励对象用已有的股票交换期权股票，交换前需要确定交换比例，并以行权价格与现行估价为依据。

股票互换行权适用于企业高层，因为高层通常持有一定数量的企业股权，而且高层获授的股权数量较大，难以使用现金行权的方式。

对于激励对象，为了换取期权股票交回的股票，企业可以让代理人注销，并收回股票凭证，或者将收回的股票以期权方式再授予其他激励对象。

3. 证券经纪人当日出售

激励对象在行权并获得股票后，立即将这部分股票对外出售以获得资本收益。流程为：①激励对象按行权价格购入本企业的股票；②在获得企业的股票之后，激励对象立即要求证券经纪人将所持股票尽数或部分出售。

虽然看起来是两步，按照法律规定也应该是两步，但在实际操作中激励对象得到期权股票与证券经纪人售出股票是同时进行的。证券经纪人在得到激励对象的指示后，会立刻将相应的期权股票售出，用获取的收入支付相应的税费，并将剩余收益归还激励对象。

如果激励对象选择先将期权股票售出再行权，证券经纪人提供的将是融券服务；如果激励对象选择先行权再将得到的股票售出，证券经纪人提供的就是融资服务。

4. 本票或贷款行权

本票或贷款行权是企业向激励对象提供帮助的一种行权方式。当激励对象的资金不足以行权时，可以通过本票或贷款的方式获取行权所需资金。企业在设计贷款行权时，要重点关注贷款利息的确定，可以参考一些标准，如外部的基准贷款利率等。

最后再来看看不行权的情况。

条件定下之后，并不能保证一定被实现，若是激励对象达不到行权条件或者达到条件但未及时行权的，应该如何应对呢？

这个问题可以分为两种情况：

（1）激励对象的业绩或企业的业绩未能满足行权条件，则当期的股权激励计划不能实行，这部分股权激励计划的标的应由企业进行注销或按照原授予的价格予以回购；

（2）激励对象的业绩符合行权条件，而企业的业绩也达到了行权条件，但激励对象未在行权期内全部行权，企业本着对员工负责的态度，应该及时处理此股权遗留状况，方法仍然是将激励对象未行权部分的股权进行注销或者按照原授予价格回购。

7.6　股权激励的时限设定

实施股权激励计划需要准确把握激励的时间。注意，这个时间不是单纯的股权授予时间，而是整个激励过程中各个环节的时间设定，也就是要合理地安排授予时间表。

7.6.1　股权激励的有效期

实施股权激励的企业，必须明确规定股权激励的有效期——从激励对象开始获得股票或期权之日起，到结束股票或期权锁定的日期。激励对象可以在有效期内努力工作，创造出好业绩，当到期后通过考核，就可以行权，得到属于自己的收益。

授予日就是起始日期，股权激励方案确定后，企业授予激励对象股权行为的实际发生日期。明确之后有利于员工安排自己的工作。

解锁日就是结束日期，激励对象在规定时间内通过企业考核后，就可以解锁股权，行使自己的权利。明确之后有利于打造企业诚信。

某公司发布了限制性股票的股权激励计划，并规定本计划的有效期，起始日是限制性股票授予之日，结束日是激励对象获授的限制性股票全部解锁或回购注销之日，跨度最长为 48 个月。为了起到更好的激励作用，还在中间划分出了第一解锁时间，设定二级起始日和结束日，分别是：自首次授予日起满一年后的首个交易日，首次授予日起两年内的最后一个交易日，此次解除限售比例 40%。

对于非上市企业来说，授权日没有法律限制，可以自行确定。但对于已上市企业来说，在设定起始日和结束日的同时，还要知道授予日必须为交易日，而且需要遵守《上市公司董事、监事和高级管理人员所持本公司股份及其变动管理规则》第十三条："上市公司董事、监事和高级管理人员在下列期间不得买卖本公司股票：（一）上市公司定期报告公告前 30 日内；（二）上市公司业绩预告、业绩快报公告前 10 日内；（三）自可能对本公司股票交易价格产生重大影响的重大事项发生之日或在决策过程中，至依法披露后 2 个交易日内；（四）证券交易所规定的其他期间。"

7.6.2 股权激励各环节的时间确认

一份详细的股权激励计划不仅包括授予日和解锁日，还包括等待期、行权期、失效日和有效期（见图 7-2）。

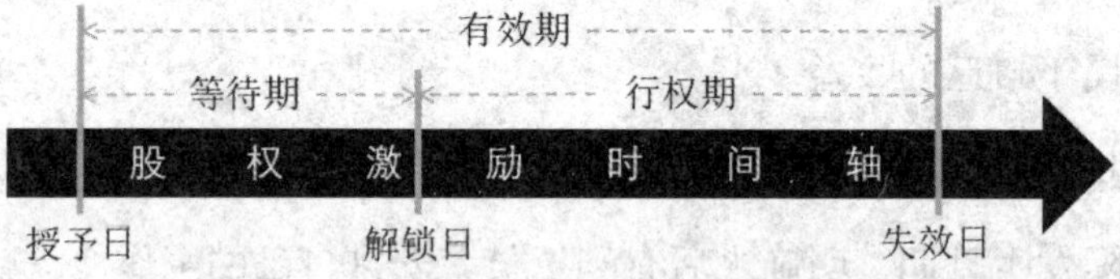

图7-2 股权激励计划各环节时间节点

我们已经了解了授予日，那么在接下来的等待期中，激励对象不能立即行权，需要等待一段时间。在解锁日后（等待期到期），激励对象可按事先约定一次性或逐步获得行权的权利。自授予日起到解锁日止，就是等待期。

等待期结束后，从解锁日开始至行权失效日的这段时间就是行权期。在行权期内的每一个交易日都是可行权日，具体为获得股票或期权的激励对象正式行权的日期。过了失效日这一天，如果激励对象还没有行权，就视作激励对象主动放弃行权。

等待期和行权期的整个时间跨度就是股权激励有效期。在股权激励合同中必须明确规划有效期内各环节的时间节点，股权激励必须在这个期限内执行，超过该期限，激励计划自动截止。

从激励对象的角度考虑，鉴于股权激励的价值与有效期成正相关关系，有效期越长，股权激励的时间价值就越长。但对企业来说，股权激励的有效期越长，未来的不可预测性越大。

某公司实施一项股票激励计划，明确授权日为 2017 年 7 月 1 日，行权有效期设定为激励对象被授予股票期权自授予日起的四年内。在有效期满后，已授出但尚未行权的股票期权作废，由公司注销。2019 年 10 月，公司董事会做出决定，行权期自当月 16 日后的一整年内，激励对象可自主行权部分股票。这期间的任何交易日都是可行权日。禁售期就是从 2017 年 7 月 1 日至 2019 年 10 月 15 日。

在制订股权激励计划时，时间节点的设定非常重要，必须明确设定，尤其是上市企业，如果时间节点模糊，则无法通过中国证监会的审核。即便是对于非上市企业来说，时间节点模糊也将为股权激励的实施带来隐患。

7.7 股权激励方案的调整机制

股权激励不是一次就位的，而是要根据各种不同情况在必要之时进行及时调整的，比如正常股份变动下的调整、企业发生重大行为时的调整、激励对象发生变化时的调整。调整过程必须依据相关法律法规和公司规章而定，本着维护激励对象预期收益的目的，公平、合理地进行调整。

7.7.1 正常股份变动下的调整

正常的股份变动是指企业送红股、转赠股本、配股、换股、增发新股等引起的总股本的变动和股价的变动。

正常股份变动下的调整是指企业授予激励对象股权后至激励对象行权日当日截止的期间，企业因为发生资本公积金转赠股本、派送股票红利、股票拆细或缩股、配股等事项时，为维持激励对象的预期利益和保证股权激励方案的原初价值，企业需对激励对象获授的股权数量和价格进行一定的调整。其中，调节行权价格或股权数量的，应当由董事会做出决议并经股东会 / 股东大会审议批准，或由股东会 / 股东大会授权董事会决定。

调整方法有以下五种。

1. 配股

按同样比例调整股权的尚未授予部分，或已授予但尚未行权部分的股权数量及行权价格。调整公式为：

调整后行权价格＝（调整前行权价格 + 配股价格 × 每股配股比例）÷（1+ 每股配股比例）

调整后股权数量＝调整前股权数量 ×（1+ 每股配股比例）

其中，如有针对原有流通股东定向配售或对增发部分进行除权处理的，按配股方式处理。如无上述情况，股权数量和行权价格不做调整。

2. 换股

因企业合并而使本企业股票换为一种新股票时，企业将对股权激励中未行权的股权数量和行权价格进行调整。调整公式为：

调整后股权数量＝调整前股权数量 ×M

调整后股权价格＝调整前股权价格 ÷M

其中，M 为换股比例，表示每一股本企业股票换为新股票的比例。

3. 转赠资本和送股

企业进行资本公积金转赠股本、派送股票红利、股票拆细事项，将按同样比例调整尚未授予部分及已授予但未行权部分的股权数量和行权价格。调整公式为：

调整后股权数量＝调整前股权数量 ×（1+ 每股送股或转赠股比例）

调整后行权价格＝调整前行权价格 ÷（1+ 每股送股或转赠股比例）

4. 缩股

企业进行缩股事项，调整公式为：

调整后股权激励数量＝调整前股权激励数量 × 缩股比例

调整后股权激励的行权价格＝调整前行权价格 ÷ 缩股比例

其中，缩股比例是原 1 股企业股票缩为多少股现企业股票。

5. 派发现金股息

股权持有人无权享有现金股息，但其行权价格将因此进行调整。调整公式为：

调整后行权价格＝调整前行权价格－每股税后现金股息

7.7.2 企业发生重大行为时股权激励方案的调整

企业发生重大行为是指：企业发生吸收兼并、创立合并或资产重组行为后，控制权发生变化（存在母公司与子公司关系的不符合重大行为定义）；任何人或实体认购已拥有企业股份而继续吸纳企业在外流通股，至第三方在企业的投票权达到 50% 以上；企业的全部或大部分资产售卖 / 租赁 / 交换给另一家企业或实体（存在母公司与子公司关系的不符合重大行为定义）；董事会重新选举，结果导致原有董事一半以上离职；企业在经过股东会 / 股东大会投票后，将进入破产清算或解散程序。

调整方法如下。

1. 发生并购行为时股权激励方案的调整

在我国，当企业遭遇并购时，股权激励方案中的授予时间是否加速，由企业自行决定。而欧美国家的企业在发生并购时，股权授予时间可能会自动加速，所有激励股权都可以立即行权。

2. 企业控制权发生变化时股权激励方案的调整

通常情况下，若企业发生控制权变更、合并、分立，所有已授出的激励股权不做变更，股权激励方案不做改变，激励对象也不能加速行权。但若因企业控制权发生变化导致股权激励方案也随之变化的，则应对激励股权进行调整，尽量保证激励对象的预期收益不变，也要保障企业利益少受损失。

具体调整方案可以是未行权部分立即行权，也可以是未行权部分自动失效，还可以是在控制权变化后的特定时期内未行权部分继续行权，但超期后未行权部分自动失效。

3. 资本变动下的股权激励方案的调整

如果企业的资本结构在股权仍可行权时出现变动，尚未行权的股权、行权价和行权方式需做出调整，确保激励对象在行权时所付的总价款不高于计划修订前的价款。

4. 企业清算下的股权激励方案的调整

如果在股权可行权期内，股东提出将企业自动清算的有效决议，激励对象可于该决议通过日前的任何时间以书面形式通知企业行使其全部限额。

7.7.3　激励对象发生变化时股权激励方案的调整

激励对象发生变化可以分为三个方面讨论。

1. 发生如下情形之一的，激励对象未确认的期权将被注销，已确认的期权及已支付的保证金 + 利息由企业退回，已持有的股权由原转让方以预先约定的价格予以回购。

（1）未依激励方案行权。

（2）考核未及格。

（3）不能胜任所聘任岗位。

（4）在固定服务期届满后辞职。

（5）因自身过错终止劳动合同。

（6）因达到国家和公司规定的退休年龄而离退。

（7）丧失劳动能力而离职。

（8）死亡或被宣告死亡或失踪。

2. 发生如下情形的，企业有权立即注销激励对象被授予的全部期权，激励对象已支付的保证金由企业无息退回，已持有的股权由原转让方以原价格予以回购，已分得的红利必须全数退回。

（1）收受贿赂。

（2）故意违反公司管理制度及规章。

（3）在固定服务期内辞职。

（4）违反与公司的竞业限制约定。

3. 发生如下情形之一的，企业有权立即注销激励对象被授予的全部期权，并没收激励对象已支付的保证金，激励对象已持有的股权由原转让方无偿收回，已分得的红利必须全数退回。

（1）严重触犯法律。

（2）泄露公司商业机密、知识产权相关的保密事项，及关于激励方案的保密事项。

（3）将被授予的期权抵押、担保或偿还债务。

（4）未经同意转让期权。

（5）采用提供虚假报表或文件、窃取他人商业秘密等违法违规行为达到激励条件。

（6）其他故意损害公司利益或声誉的行为。

第八章

分出的股权，分不出的控制权

股权设计不是简单地将股权分出去，而是科学、合理、有控制力度地将股权分出去。前者不仅难以达到股权设计应有的效果，还极易丧失对企业的控制权；后者不仅能够达到股权设计应有的效果，还更有利于形成对企业的控制权。

8.1 你的控制权有“九条命”

当你是一家企业的实际控制者，在进行股权设计之前必须要知道，你对股权的控制线有九条——绝对控制线、相对控制线、安全控制线、要约收购线、详式权益变动公告线、临时会议提案线、重大股权变动公告线、临时提案权线、代位诉讼权线。

8.1.1 绝对控制线——重大事项的“一票通过权”

当企业出现：①重大重组；②重大担保；③修改公司章程；④减少或增加注册资本；⑤企业合并、分立、解散、清算；⑥变更企业形式（如将有限责任公司改制为股份有限公司）；⑦在上市一年内购买、出售重大资产或担保金额超过企业资产总额 30% 的决议；⑧其他有关法律法规的特殊规定。应由股东会 / 股东大会作出决议，并经出席会议的股东所持表决权三分之二以上通过。

“三分之二以上通过”的法律规定说明，当股东持股比例达到 67%，就等于拥有了“一票通过权”，对企业重大决策的表决形成绝对控制，与 100% 的持股效力相同，因此该线也被称为“重大事项通过线”。

在具体实行时需注意几个问题。

（1）“三分之二”转换成百分比，不必须是 67%，也可以是 66.7%、

66.67%、66.667%……

（2）“经出席会议的股东所持表决权的三分之二以上通过”，那么“以上”是否包含本数（67%、66.7%、66.67%等）？依据2021年1月1日起实施的《中华人民共和国民法典》（下文简称《民法典》）第一千二百五十九条：“民法所称的‘以上’‘以下’‘以内’‘届满’，包括本数；所称的‘不满’‘超过’‘以外’，不包括本数。”

（3）公司法第四十二条：“股东会会议由股东按照出资比例行使表决权；但是，公司章程另有规定的除外。”公司章程可自行约定一个比例，规定不按出资比例行使表决权。

1. 针对有限责任公司

公司法第四十三条：“股东会的议事方式和表决程序，除本法有规定的外，由公司章程规定。股东会会议作出修改公司章程、增加或者减少注册资本的决议，以及公司合并、分立、解散或者变更公司形式的决议，必须经代表三分之二以上表决权的股东通过。”

2. 针对股份有限公司

公司法第一百零三条：“股东出席股东大会会议，所持每一股份有一表决权。但是，公司持有的本公司股份没有表决权。股东大会作出决议，必须经出席会议的股东所持表决权过半数通过。但是，股东大会作出修改公司章程、增加或者减少注册资本的决议，以及公司合并、分立、解散或者变更公司形式的决议，必须经出席会议的股东所持表决权的三分之二以上通过。”

3. 针对上市公司

公司法第一百二十一条：“上市公司在一年内购买、出售重大资产或者担保金额超过公司资产总额百分之三十的，应当由股东大会作出决议，并经出席会议的股东所持表决权的三分之二以上通过。”

《上市公司股东大会规则》第二十三条：“股权登记日登记在册的所有普通股股东（含表决权恢复的优先股股东）或其代理人，均有权出席股东大会，公司和召集人不得以任何理由拒绝。优先股股东不出席股东大会会议，所持股份没有表决权，但出现以下情况之一的，公司召开股东大会会议应当通知优先股股东，并遵循公司法及公司章程通知普通股股东的规定程序。优先股股东出席股东大会会议时，有权与普通股股东分类表决，其所持每一优先股有一表决权，但公司持有的本公司优先股没有表决权：（一）修改公司章程中与优先股相关的内容；（二）一次或累计减少公司注册资本超过百分之十；（三）公司合并、分立、解散或变更公司形式；（四）发行优先股；（五）公司章程规定的其他情形。上述事项的决议，除须经出席会议的普通股股东（含表决权恢复的优先股股东）所持表决权的三分之二以上通过之外，还须经出席会议的优先股股东（不含表决权恢复的优先股股东）所持表决权的三分之二以上通过。”

《上市公司股东大会规则》第四十五条：“公司以减少注册资本为目的回购普通股公开发行优先股，以及以非公开发行优先股为支付手段向公司特定股东回购普通股的，股东大会就回购普通股作出决议，应当经出席会议的普通股股东（含表决权恢复的优先股股东）所持表决权的三分之二以上通过。公司应当在股东大会作出回购普通股决议后的次日公告该决议。”

8.1.2 相对控制线——一般事项的“一票通过权”

持股 50% 以上就是持股“过半数”，这类股东被称为“控股股东”，对企业的一般经营事务有决定权，可以对企业形成相对控制。

一般经营事务包括：①企业的经营方针和投资计划；②聘请独立董事；

③选举和更换由非职工代表担任的董事、监事；④决定有关董事、监事的报酬事项；⑤审议批准董事会报告；⑥审议批准监事会或监事报告；⑦审议批准企业的年度财务预算方案、决算方案；⑧审议批准企业的利润分配方案和弥补亏损方案；⑨其他需要普通决议的相关事项。

从法律层面上来说，持股 50% 以上只是具有相对控制权，若是涉及重大事项，比如增资、减资或企业解散、注销等，持股超过 50% 并没有决定权，需要股东会 / 股东大会的股东所持表决权三分之二以上通过。

针对有限责任公司和股份有限公司可以参考公司法第四十三条和第一百零三条的相关规定。下面看看对内担保权、对外转股权和创立大会决议权的法律规定。

1. 对内担保权

公司法第十六条第二、第三款："公司为公司股东或者实际控制人提供担保的，必须经股东会或者股东大会决议。前款规定的股东或者受前款规定的实际控制人支配的股东，不得参加前款规定事项的表决。该项表决由出席会议的其他股东所持表决权的过半数通过。"

2. 对外转股权

公司法第七十一条第一、第二、第三款："有限责任公司的股东之间可以相互转让其全部或者部分股权。股东向股东以外的人转让股权，应当经其他股东过半数同意。股东应就其股权转让事项书面通知其他股东征求同意，其他股东自接到书面通知之日起满三十日未答复的，视为同意转让。其他股东半数以上不同意转让的，不同意的股东应当购买该转让的股权；不购买的，视为同意转让。"

3. 创立大会决议权

公司法第九十条："发起人应当在创立大会召开十五日前将会议日期

通知各认股人或者予以公告。创立大会应有代表股份总数过半数的发起人、认股人出席，方可举行。创立大会行使下列职权：（一）审议发起人关于公司筹办情况的报告；（二）通过公司章程；（三）选举董事会成员；（四）选举监事会成员；（五）对公司的设立费用进行审核；（六）对发起人用于抵作股款的财产的作价进行审核；（七）发生不可抗力或者经营条件发生重大变化直接影响公司设立的，可以作出不设立公司的决议。创立大会对前款所列事项作出决议，必须经出席会议的认股人所持表决权过半数通过。”

8.1.3 安全控制线——“一票否决权”

这条控制线与 67% 的绝对控制线是对立存在的，如果说掌握 67% 的股权等于拿到了“一票通过权”，那么掌握了 34% 的股权就等于掌握了“一票否决权”。

因为当股东持股达到 34% 时，其持股量就超过了三分之一，余下的股权加起来最多只有 66%，即便这 66% 由一人持有，也无法达到绝对控制线标准，就没有“一票通过权”。因此，当某一位股东的持股量或者其能控制的持股量达到 34%，就形成了“安全性控股”或者叫“否决性控股”。正因如此，企业想要通过某项重大事宜，必须争取持股达 34% 的股东的同意，否则若是否定票达到 34%，重大事宜就无法通过。

34% 只是通常的表述，实际只要超过三分之一比例即可。三分之一换算成百分比，不必须达到 34%，还可以是 33.4%、33.34%、33.334% 等。

此外，因为股份有限公司适用“出席会议”的概念，因此在股东不是全部出席会议的前提下，持股比例低于三分之一也可能构成“一票否决权”。

另，有限责任公司可以采用同股不同权，上市企业股东大会关联方回避表决的限制，同样可以造成股权比例低于三分之一而构成“一票否决权”。

8.1.4　要约收购线——增加上市企业控制权

当股东持有上市企业股份达到30%时，就触发了要约收购线，因此也称为“上市公司控制权线”。

通过证券交易所的证券交易，投资者持有或者通过协议、其他安排与他人共同持有一个上市企业已发行股份达到30%时，并继续进行收购的，应当依法采取要约方式进行，向该上市企业的所有股东发出全面要约或者部分要约，即投资者应同时向被收购企业的股东发出收购通知，向被收购的企业发出收购公告，得到确认后可实行收购行为。

收购上市企业部分股份的收购要约应当约定：被收购企业股东承诺出售的股份数额超过预定收购的股份数额的，收购人按比例进行收购。

《上市公司收购管理办法》第四十七条第三、第四款：“收购人拟通过协议方式收购一个上市公司的股份超过30%的，超过30%的部分，应当改以要约方式进行；但符合本办法第六章规定情形的，收购人可以免于发出要约。符合前述规定情形的，收购人可以履行其收购协议；不符合前述规定情形的，在履行其收购协议前，应当发出全面要约。”

《上市公司收购管理办法》第五十六条第二款：“收购人拥有权益的股份超过该公司已发行股份的30%的，应当向该公司所有股东发出全面要约；收购人预计无法在事实发生之日起30日内发出全面要约的，应当在前述30日内促使其控制的股东将所持有的上市公司股份减持至30%或者30%以下，并自减持之日起2个工作日内予以公告；其后收购人或者其控制的股东拟继续增持的，应当采取要约方式；拟依据本办法第六章的规定申请豁免的，应当按照本办法第四十八条的规定办理。”

最后补充一点，这条线也可称为“实际控制认定线”。根据《全国中小企业股份转让系统挂牌公司信息披露细则（试行）》的规定，当实际支配“新三板”公司股份表决权超过30%，将被认定为拥有“新三板”挂牌公司的控制权。

8.1.5 详式权益变动公告线——权益变动的报告界限

当股东持有上市企业股份达到20%时，就触发了详式权益变动公告线。该线是一条比较复杂的股权线，主要针对上市企业，能起到四种作用。

1.“成本法”与“权益法”的界限

根据《企业会计准则》的相关规定，当股东持股比例低于20%，则投资方对被投资公司不形成有重大影响，以“成本法”对该项投资进行会计核算；当股东持股比例超过20%但低于50%时，则被认为对被投资企业有重大影响，要求以“权益法”对投资进行会计核算。

2. 重大同业竞争警示界限

上市企业的控股股东或实际控制人所从事的其他业务或控制的其他企业，与本企业所从事的业务相近甚至同类，双方遂形成间接或直接竞争关系。对于这方面法律上没有明确的规定，但在具体操作时，通常以20%的股权关系作为重大同业竞争警示线。

3. 科创板激励的上限

科创板块上市企业全部有效的股权激励计划所涉及的标的股票总数，累计不得超过企业总股本的20%。

4. 权益变动的报告界限

投资者与其“一致行动人”（通过签署一致行动人协议确定）拥有的股份达到或超过一家上市企业已发行股份的20%但低于30%，应当编制“详式权益变动报告书”并进行披露。

根据《上市公司收购管理办法》第十七条规定，“编制详式权益变动报告书”应当披露的一些内容：①投资者及其一致行动人的控股股东、实际控制人及其股权控制关系结构图；②取得相关股份的价格、所需资金额，或者其他支付安排；③投资者、一致行动人及其控股股东、实际控制人所从事的业务与上市公司的业务是否存在同业竞争或者潜在的同业竞争，是否存在持续关联交易；存在同业竞争或者持续关联交易的，是否已做出相应的安排，确保投资者、一致行动人及其关联方与上市公司之间避免同业竞争以及保持上市公司的独立性；④未来12个月内对上市公司资产、业务、人员、组织结构、公司章程等进行调整的后续计划；⑤前24个月内投资者及其一致行动人与上市公司之间的重大交易；⑥不存在本办法第六条规定的情形；⑦能够按照本办法第五十条的规定提供相关文件。

《上市公司收购管理办法》第六条：“任何人不得利用上市公司的收购损害被收购公司及其股东的合法权益。有下列情形之一的，不得收购上市公司：（一）收购人负有数额较大债务，到期未清偿，且处于持续状态；（二）收购人最近3年有重大违法行为或者涉嫌有重大违法行为；（三）收购人最近3年有严重的证券市场失信行为；（四）收购人为自然人的，存在《公司法》第一百四十七条规定情形；（五）法律、行政法规规定以及中国证监会认定的不得收购上市公司的其他情形。”

8.1.6 临时会议提案线——股东的四项保底权利

当股东持有上市企业股份达到10%时，就触发了临时会议提议权线。此线的作用非常大，大致分为四种类型。

1. 申请解散企业权线

当企业持股较多的股东因为各种矛盾因素引发“股东僵局”时，企业运转势必受到影响，此时若不彻底解决问题，小股东的利益将遭受损失。因此，公司法赋予小股东自我拯救的权利，即单独（一人）或合计（多人）持有公司股东表决权10%以上，就可以向法院立案申请解散公司。

2. 召开临时股东大会权线

与上一条类似，当单独（一人）或合计（多人）持有公司股东表决权10%以上，就有请求召开临时股东大会或召开董事会临时会议的权利，并拥有提出疑问、调查、起诉、清算、解散公司的诉权。因此，在设计股权架构、做股权激励、引进投资方时，要避免出现某个利益小团体的持股超过10%。

3. 权益变动报告线

如果投资者及其一致行动人通过协议、竞价方式等，拥有了10%的“新三板”企业已发行的股份，应在该事实发生之日起两日内，编制“权益变动报告书”并进行披露，同时送报“全国中小企业股份转让系统”。而且要求自该事实发生之日起至披露的两日内，不得再行买卖该“新三板”公司的股票。

4. 激励总量控制线

除科创板企业外，上市企业全部有效的股权激励计划所涉及的标的股票总数累积不得超过公司总股本的10%。

在此基础上还有三种作用。

（1）股份回购最高线。企业回购股份时如因下列三种情形：①将股份用于员工持股计划或股权激励；②将股份用于转换上市公司发行的可转换为股票的公司债券；③为维护企业价值及股东权益的必须行为。企业合计持有的本企业股份数不得超过企业总股本的10%，并应在三年内转让或注销。

（2）子公司关联方认定线。根据《上海证券交易所上市公司关联交易实施指引》的规定，法人、自然人或其他组织持有对上市企业具有重要影响的控股子公司10%以上股份，可能会导致上市企业利益向该子公司倾斜，该子公司将被认定为上市企业的关联方。

（3）特别表决权股东限制线。如果上市企业实施AB股制度，具有特别表决权的股东在企业中拥有的股份合计应当达到企业全部已发行的有表决权股份的10%以上。

8.1.7　重大股权变动公告线——重要股东的重要权利

当股东持有公司股份达到5%时，就触发了重大股权变动公告线。这是一条非常重要的股权线，持股比例达到5%以上的股东被称为“重要股东”，之所以“重要”有如下原因。

1. 重大股权变动警示线

为防止大户操纵股价，保护中小股东利益，证券法规定，当投资者持有（通过协议、其他安排与他人共同持有）一个上市企业已发行的股份达到5%时，应在该事实发生之日起三日内，向国务院证券监督管理机构、证券交易所作出书面报告，通知该上市企业，并予以公告。在上述期限内，不得再行买卖该上市企业的股票。

可见，5%的持股量如同一道看不见的红线，当投资者持有（通过协议、其他安排与他人共同持有）一个上市企业已发行的股份比例每增加或者减少 5%，应当依法进行公告。公告后两日内，不得再行买卖该上市企业的股票。这种行为业内称为“举牌”。

2. 短线交易认定线

证券法第四十七条第一、第二款：“上市公司董事、监事、高级管理人员、持有上市公司股份百分之五以上的股东，将其持有的该公司的股票在买入后六个月内卖出，或者在卖出后六个月内又买入，由此所得收益归该公司所有，公司董事会应当收回其所得收益。但是，证券公司因包销购入售后剩余股票而持有百分之五以上股份的，卖出该股票不受六个月时间限制。”

这种时间跨度不足六个月的交易称为“短线交易”，受限的是持股达到 5% 的股东。若董事会不按照前款规定执行的，股东有权要求董事会在三十日内执行。若董事会仍未在上述期限内执行，股东有权为了企业与自己的利益，以自己的名义向人民法院提起诉讼。

3. 股东披露线

《上市公司大股东、董监高减持股份的若干规定》中规定，上市企业大股东计划通过证券交易所集中竞价交易减持股份，应当在首次卖出的十五个交易日前向证券交易所报告，并预先披露减持计划。

待减持计划实施完毕后，也应向证券交易所报告，并予公告；在预先披露的减持时间区间内，未实施减持或者减持计划未实施完毕的，应当在减持时间区间届满后的两个交易日内向证券交易所报告，并予公告。

4. 外资备案线

外资投资的上市企业在外资持股累积超过 5% 时，就外资投资者的基本信息和股权变更事项要办理备案。

8.1.8 临时提案权线——一般股东的重要权利

公司法第一百零二条第二款：“单独或者合计持有公司百分之三以上

股份的股东，可以在股东大会召开十日前提出临时提案并书面提交董事会；董事会应当在收到提案后二日内通知其他股东，并将该临时提案提交股东大会审议。临时提案的内容应当属于股东大会职权范围，并有明确议题和具体决议事项。”

股东提案权是指股东可以向股东大会提出供大会审议或表决的议题或者议案的权利。该项权利能够保证少数股东将其关心的问题提交给股东大会讨论，有助于提高少数股东在股东大会中的主动地位，实现对公司经营的决策参与、监督与纠正作用。

当股东拥有的股份达到3%时，就拥有临时提案的资格和权利。提案对股东大会的召开有着相当大的影响力，是必须要得到解决的。因此，该条线既能保证小股东能够有机会提出议案，也能确保股东大会及其他股东有充分的时间审议、表决议案。

8.1.9　代位诉讼权线——小股东的终极权利

当股东持股量达到公司总股本的1%，就拥有间接的调查权与起诉权。

公司法第一百五十一条：“董事、高级管理人员有本法第一百四十九条规定的情形的，有限责任公司的股东、股份有限公司连续一百八十日以上单独或者合计持有公司百分之一以上股份的股东，可以书面请求监事会或者不设监事会的有限责任公司的监事向人民法院提起诉讼；监事有本法第一百四十九条规定的情形的，前述股东可以书面请求董事会或者不设董事会的有限责任公司的执行董事向人民法院提起诉讼。监事会、不设监事会的有限责任公司的监事，或者董事会、执行董事收到前款规定的股东书面请求后拒绝提起诉讼，或者自收到请求之日起三十日内未提起诉讼，或者情况紧急、不立即提起诉讼将会使公司利益受到难以弥补的损害的，前款规定股东有权为了公司的利益以自己的名义直接向人民法院提起诉讼。他人侵犯公司合法权益，给公司造成损失的，本条第一款规定的股东可以依照前两款的规定向人民法院提起诉讼。”

代位诉讼发生有三个前提：

（1）董事、高管违法违规损害企业利益；

（2）监事违法违规损害公司利益；

（3）前两项都出现问题，股东以自己的名义直接向法院提起诉讼。

这条线也称为“独立董事提议线”或“单个对象股权激励上限”。单独或合并持有上市企业已发行股份1%以上的股东，具有提出独立董事候选人的权利。根据《上市公司股权激励管理办法》的规定，非经股东大会特别决议批准，任何一名激励对象通过全部有效的股权激励计划获授的本企业股票，累积不得超过本企业总股本的1%。

公司法第一百四十九条：“董事、监事、高级管理人员执行公司职务时违反法律、行政法规或者公司章程的规定，给公司造成损失的，应当承担赔偿责任。”

8.2 控制模式一：一致行动人

企业经营者通过协议、其他安排，与其他经营者、管理者或投资者共同控制的所能够支配的一个上市公司股份表决权数量的行为，就是一致行动人控制。

8.2.1　上市公司股东减持股份是否适用“一致行动人”

《上市公司收购管理办法》第八十三条第一款：“本办法所称一致行动，是指投资者通过协议、其他安排，与其他投资者共同扩大其所能够支配的一个上市公司股份表决权数量的行为或者事实。”

共同扩大的含义如何理解？可以分为如下三种情况。

（1）不构成一致行动人。只有在增持上市企业股份时，才会造成共同扩大其所能够支配的一个上市企业股份表决权数量和构成一致行动。在减持上市企业股份时，会造成其所能够支配的一个上市企业股份表决权数量的减少，不构成一致行动人。

（2）仍构成一致行动人。“共同扩大”是指影响力，而非具体的股份表决权数量的增加，因此共同扩大影响力既包括表决权数量的增加也包括表决权数量的减少。

（3）一致行动关系不以相关持股主体增持或减持为前提。中国证监会上市部于 2009 年 10 月 14 日发给深交所的《关于上市公司股东减持股份有关问题的复函》认为，《上市公司收购管理办法》所称一致行动情形，包括《上市公司收购管理办法》第八十三条第三款所列举的十二条情形，如无相反证据，即互为一致行动人，该种一致行动关系不以相关持股主体是否增持或减持上市公司股份为前提。如同有关法律法规对关联关系的认定，并不以相关方发生关联交易为前提。

8.2.2　一致行动的边界

甲集团是丙上市公司的控股股东，为加强掌控力度，甲集团与自然人小股东 A 签署了《一致行动协议》。但在涉及丙上市公司控制权转让的交易中，A 拒绝同步转让自己持有的丙上市公司股份，甲集团以 A 违反《一致行动协议》为由起诉至法院，要求 A 赔偿损失。

该案争议的焦点在于，《一致行动协议》是否约束一致行动人自由转让股份的权利。

原告甲集团认为：A 作为一致行动人，在涉及丙上市公司控制权转让的交易中，其同意了企业重组计划，理应同步按比例向受让方转让其所持的丙上市公司股份。但 A 未转让相应股份，导致甲集团多转让了所持有的丙上市公司股份。因此，甲集团主张 A 构成对于《一致行动协议》的违反。

被告 A 股东认为：《一致行动协议》并不当然等于股东转让股份的权利，其内容并未约定或限制 A 处分自己的股份，因此 A 并不存在违约行为。

第一次起诉，经过激辩庭审，原告自知胜诉无望，撤回起诉。后原告变换主体，再次起诉，最终还是撤诉了之。

甲集团无法打赢这场官司因为涉及一致行动的边界，越界了当然不会受到法律保护。一致行动的边界可以体现为如下三个方面。

1. 一致行动与拖售权的关系

本案例中，甲集团要求 A 同步转让丙上市公司股份给第三方的行为，属于并购交易中的拖售权概念。

拖售权指第三方向企业部分股东发出要约，要求收购该企业部分股东的股权，且这些股东接受要约，则其有权要求其他股东一起按照相同的出售条件和价格向该第三方转让股权的权利。

实施拖售权的目的是保证投资者作为中小股东，即使不实际参与企业经营管理，在其想要退出时，原始股东和管理团队也不得拒绝，必须按照其和并购方达成的并购时间、条件及价格完成并购交易。

拖售权必须要有明确约定才可享有，且对于拖售权行使时的最低价格、触发条件、转让对象、转让时机等都应有明确的约定。除非《一致行动协议》中有明确的关于拖售权的约定，否则一致行动与拖售权并不当然属于包含与被包含的关系。因此，此案中的一致行动人之间并没有任何关于拖售权的约定，所以甲集团无权行使拖售权。

2. 一致行动与共同出售权的关系

共同出售权是指在其他股东尤其是控股股东欲转让或出售股票时，共售权人有权按出资比例以控股股东的出售价格与控股股东一起向第三方转让股票。

本案中的一致行动与共售权的关系论证与拖售权类似，除非《一致行动协议》中有关于共售权的约定（实际没有），否则一致行动与共售权并不当然属于包含与被包含的关系。

3. 一致行动对于股权转让的约束

公司法规定了股份自由转让制度。上市企业的股份转让没有优先权的概念，股份转让是股东个人的权利，而非企业的重大经营决策事项。

有限责任公司股权转让虽然有优先权，但也仅限于此，其他股东只有决定是否行使优先购买权的权利，并没有否决该股东转让股权的权利。

《一致行动协议》仅对于一致行动人作为股东参与企业重大决策和选择管理者等作出约束，对于其合法持有的股份的处分权并没有通过任何形式让渡或者约束。因此，在没有其他约定的前提下，《一致行动协议》对于股东在股份转让方面没有必然约束。

8.2.3　一致行动案例

某药业股份有限公司（以下简称“药业公司”）于 2016 年 10 月上市，两家投资公司共计持有药业公司 29.74% 的股份，都是由丁某作为普通合伙人执行合伙事务。

药业公司的另一位创始人王某持有 6.5071% 的股份。公司上市前，丁某和王某签署了《一致行动协议》，协议约定以下内容。

1. 自协议生效之日至公司股票首次公开发行并在创业板上市之日起 36 个月，双方应确保各自作为公司股东在公司股东大会上行使表决权时保持一致。

2. 自协议生效之日至公司股票首次公开发行并在创业板上市之日起 36 个月，在以各自名义行使对公司的任何股东权利时，以及各自作为公司股东行使股东权利时，双方须协商一致，形成一致意见。

3. 自协议生效之日至公司股票首次公开发行并在创业板上市之日起 36 个月，且双方均担任公司董事期间，在公司董事会审议议案行使表决权时，双方须协商一致，形成一致意见。

4. 为通过一致行动实现对公司的控制，在双方作为公司股东或董事行使股东权利或董事权利前三日，双方应召开预备会议对需要行使股东权利或董事权利的事项进行逐项讨论并形成一致意见，以便双方在行使股东权利或董事权利时采取一致行动。如双方对相关事项未能形成一致意见，应在适当的条件下促使公司股东大会或董事会推迟表决。前述顺延期限届满，公司股东大会或董事会就该事项再次表决时，若双方对该事项仍未达成一致意见，导致双方无法形成意思表示的，王某同意无条件与丁某保持一致意见。

可以从三个方面解读上述协议：①约定了《一致行动协议》的限期，即至上市后限售期结束；②约定了一致行动的范围，包括股东大会的表决及其他股东权利的行使，在担任董事行使董事表决权时保持一致行动；③约定了达成一致行动的方式，提前三日进行讨论，如提前讨论无法形成一致意见则促使股东大会或董事会推迟表决，后仍不能形成一致意见，则按丁某的意见进行表决。

8.3　控制模式二：表决权委托

表决权委托又称“表决权代理”“委托投票”，是股东将其持有的企业股份对应的参与企业重大决策的权利委托给他方行使的法律行为。因此，获得委托权的股东可以行使比自己所持股份更多的投票权利，实施表决权委托的目的是在创始人 / 创始团队的股权占比被稀释的情况下仍然对企业有控制权。

8.3.1　表决权委托的法律根据

《公司法》第四条：“公司股东依法享有资产收益、参与重大决策和选择管理者等权利。”

企业股权对应的权利可以分为经济性权利和参与性权利，其中，前者表现为股东依法享有资产收益的权利，后者表现为股东参与重大决策和选择管理者的权利。

公司法第一百零六条：“股东可以委托代理人出席股东大会会议，代理人应当向公司提交股东授权委托书，并在授权范围内行使表决权。”

股份有限公司的股东可以直接出席股东大会行使表决权，在无法亲自出席的情况下，也可以委托代理人出席股东大会会议，由代理人在授权范围内行使表决权。

《上市公司章程指引》第六十一条："股东出具的委托他人出席股东大会的授权委托书应当载明下列内容：（一）代理人的姓名；（二）是否具有表决权；（三）分别对列入股东大会议程的每一审议事项投赞成、反对或弃权票的指示；（四）委托书签发日期和有效期限；（五）委托人签名（或盖章）。委托人为法人股东的，应加盖法人单位印章。"

已上市企业的股东因各种原因无法亲自出席股东大会时，可选择委托代理人代其出席股东大会并行使表决权，并在授权委托书中载明对列入股东大会议程的每一审议事项投"赞成票"、"反对票"或"弃权票"的指示。

《上市公司收购管理办法》第五条："收购人可以通过取得股份的方式成为一个上市公司的控股股东，可以通过投资关系、协议、其他安排的途径成为一个上市公司的实际控制人，也可以同时采取上述方式和途径取得上市公司控制权。收购人包括投资者及与其一致行动的他人。"

上市企业的控制权收购，一般由上市企业大股东与收购方签订表决权委托书，由委托人将其持有的上市企业股份所对应的表决权、董事提名权等股东权利不可撤销的委托给受托人行使，并由受托人负担代委托人偿还债务等义务。

8.3.2 表决权委托可以撤销吗

民法典第一百七十三条："有下列情形之一的，委托代理终止：（一）代理期限届满或者代理事务完成；（二）被代理人取消委托或者代理人辞去委托；（三）代理人丧失民事行为能力；（四）代理人或者被代理人死亡；（五）作为代理人或者被代理人的法人、非法人组织终止。"

依法可知，股东表决权委托是可以撤销的。对于委托人需要撤销与受托人之间的委托关系的，要通知受托人和法律关系的相对人。实践中要根据实际情况进行处理和认定，避免法律适用错误。

（1）明示通知。当事人合同解除权的行使，应明示通知他方。该通知自到达对方当事人时生效，即通知到达受托人时，授权委托即为撤销。同时，解除合同的通知生效后不可撤销。

（2）部分解除。当委托人或受托人一方为多人时，多人中的部分人解除合同，其解除的效力是否涉及其他人？应区分两种情况：①若委托事务依其性质是不可分割的，部分人解除合同的行为对其他当事人也应有效；②若委托事务依性质是可分割的，部分当事人解除合同的行为应独立发生效力，其他当事人之间的委托关系继续存在。

（3）特殊约定。委托合同的任意解除权是否可由双方当事人通过特别约定加以限制或者排除？法律虽无明文规定，但从尊重当事人意思自治的角度出发，法律并不干涉。但是，当事人依据民法典第五百六十二条、第五百六十三条的规定，解除合同的权利仍然存在。若在委托事务的处理过程中发生当初未曾料到的事情变更，使得任意解除权的限制或排除条款已失公平，这样的约定可撤销。

民法典第五百六十二条："当事人协商一致，可以解除合同。当事人可以约定一方解除合同的事由。解除合同的事由发生时，解除权人可以解除合同。"

民法典第五百六十三条："有下列情形之一的，当事人可以解除合同：（一）因不可抗力致使不能实现合同目的；（二）在履行期限届满前，当事人一方明确表示或者以自己的行为表明不履行主要债务；（三）当事人一方迟延履行主要债务，经催告后在合理期限内仍未履行；（四）当事人一方迟延履行债务或者有其他违约行为致使不能实现合同目的；（五）法律规定的其他情形。”

（4）责任赔偿。通常情况下，一方当事人在不利于另一方当事人的情形下终止委托合同，因此给双方当事人造成损失的，应承担赔偿责任。而且，因解除委托合同给对方造成损失的，除不可归责于该当事人的事由以外，应当赔偿损失。“不可归责于该当事人的事由”是指不可归责于解除合同一方当事人的事由，即只要解除合同一方对合同的解除没有过错，就不必对对方当事人的损失负责。

（5）撤销时机。如果受托人已经就有关委托事项作出了处理，那么，即使撤销委托也不可以变更相关事项的处理情况。所以，对于委托权的撤销应当在作出相关决定之前进行处理和认定。

8.3.3 表决权委托案例

在新三板挂牌的某公司，第一大股东孟某持股比例达 35.27%，第二大股东为创始人刘某，持股比例为 29.25%。

为了公司能够良性发展，孟某自愿与刘某签署《表决权委托协议》，将其持有的 35.27% 公司股份中除分红权和涉及委托人所持股份的处分事宜之外的其他权利委托给刘某代为行使，具体包括：

1. 代为提议召开临时股东会或股东大会；

2. 代为行使股东提案权，提议选举或罢免董事、监事及其他议案；

3. 代为参加股东会或股东大会，行使股东质询权和建议权；

4. 代为行使表决权，并签署相关文件，对股东会和公司股改后股东大会每一审议和表决事项代为投票，但分红、股权转让、股权质押、增资、减资等涉及委托人所持有股权的处分事宜的事项除外；

5. 委托人对表决事项不做具体指示，代理人可以按照自己的意思表决，但应考虑委托人利益并兼顾公司发展的原则；

6. 其他与召开股东会或临时股东大会有关的事项；

7. 现行法律法规或者公司章程规定的除分红权以外的其他股东权利，但股权转让、股权质押、增资、减资等涉及委托人所持股权的处分事宜的事项除外；

8. 受托人行使本授权委托书委托权限范围内的事项所导致的一切后果由委托人承担。

通过上述委托协议，刘某虽然只持有公司 29.25% 的股份，却掌握了公司 64.52% 的投票权，成为公司的实际控制人。

8.4　控制模式三：持股平台

自然人并不直接持股主体公司，而是通过一个平台间接持有主体公司的股权，这个间接平台就是持股平台。通过设置持股平台，把股东的股权放置于一个主体内，通过这个主体集中行使表决权，最终实现控制公司的目的。

8.4.1　持股平台的形式

常见的持股平台模式为合伙企业、公司制（有限责任公司或股份有限公司）；还可以是私募基金、信托计划、资管计划的形式（三者亦被称为“三类股东”，统称“契约制”，公司上市前一般很少见）。

1. 有限合伙持股平台

主体公司出资成立有限合伙企业，通过受让主体公司股东或对主体公司增资扩股，使该有限合伙企业成为主体公司的股东。合伙人则可以通过签订合伙协议，约定普通合伙人和有限合伙人的行为，界定合伙人的权利和义务。

根据合伙企业法的规定，有限合伙企业由普通合伙人执行合伙事务，有限合伙人不执行合伙事务，不得对外代表有限合伙企业。因此，主体公司控股股东为实现对持股平台表决权的控制，通常担任有限合伙企业的普通合伙人，也可由主体公司控股股东授权代理人、高管或其他人担任普通合伙人执行合伙事务。

通过有限合伙企业作为员工持股平台，主体公司创始股东（大股东）只需要在持股平台持有少量的财产份额就能牢牢掌控其控制权。当主体公司召开股东会 / 股东大会时，持股平台作为主体公司的股东之一，其投票权直接由创始股东（大股东）控制。

2. 公司形式持股平台

主体公司控股股东通过出资设立特殊目的公司（一般为有限责任公司或股份有限公司），通过受让主体公司原股东股权或对拟上市公司增资扩股，使该特殊目的公司成为拟上市公司的股东。

有限责任公司 / 股份有限公司作为主体公司的持股平台，其股东可以依据公司法和平台公司章程的规定，且以整体形式在主体公司依据所占股权份额行使股东权利。因此，平台公司股东可共享主体公司利润与收益，但对主体公司股东会 / 股东大会没有影响。

主体公司控股股东一般也是平台公司控股股东，并担任董事长或总经理。也可由主体公司控股股东授权代理人、高管或其他人担任平台公司法定代表人，以确保平台公司稳定可控。在主体公司召开股东会 / 股东大会时，平台公司作为主体公司的股东之一，其股份所对应的表决权便由主体公司控股股东掌控了。

成立特殊目的公司持股平台比有限合伙企业持股平台的法律风险要低，但税务方面要同时征收公司所得税和个人所得税。

3. 私募基金持股平台

《中华人民共和国证券投资基金法》第二条："在中华人民共和国境内，公开或者非公开募集资金设立证券投资基金（以下简称基金），由基金管理人管理，基金托管人托管，为基金份额持有人的利益，进行证券投资活动，适用本法；本法未规定的，适用《中华人民共和国信托法》、《中华人民共和国证券法》和其他有关法律、行政法规的规定。"

契约型私募基金、公司制私募基金和合伙制私募基金都可以作为持股平台，但区别在于企业是否拟 IPO（首次公开募股）。

契约型私募基金属于"信托持股结构"，特点是在金融产品背后的实际出资人的情况难以真正披露，且存在不可知变动的可能。结合中国证监会对拟 IPO 企业股群清晰、稳定的要求，这类金融产品在企业 IPO 之前被要求清理。

公司制私募基金和合伙制私募基金背后的实际出资人清晰可见，且工商登记信息稳定，在实践中是可以接受的股权平台，企业 IPO 之前不被要求清理。

4. 信托计划持股平台

《中华人民共和国信托法》第二条："本法所称信托，是指委托人基于对受托人的信任，将其财产权委托给受托人，由受托人按委托人的意愿以自己的名义，为受益人的利益或者特定目的，进行管理或者处分的行为。"

信托计划是实现员工持股计划的良好运作平台，具体方式是：主体公司通过委托信托公司设立信托计划管理员工持股计划，并由该信托计划通过在二级市场购买等方式获取主体公司股票，将员工与主体公司股票间的直接持有关系拆分为两个持有关系，实现了财产分离和风险隔离。

5. 资管计划持股平台

资管计划持股平台分为基金子公司资产管理计划、证券公司资产管理计划、契约型私募基金三种类型。

（1）基金子公司资产管理计划。基金子公司可通过设立专项资产管理计划，投资拟挂牌全国股转系统的公司股权。

《基金管理公司特定客户资产管理业务试点办法》第九条："资产管理计划资产应当用于下列投资：（一）现金、银行存款、股票、债券、证券投资基金、央行票据、非金融企业债务融资工具、资产支持证券、商品期货及其他金融衍生品；（二）未通过证券交易所转让的股权、债权及其他财产权利；（三）中国证监会认可的其他资产。投资于前款第（二）项和第（三）项规定资产的特定资产管理计划称为专项资产管理计划。基金管理公司应当设立专门的子公司，通过设立专项资产管理计划开展专项资产管理业务。"

（2）证券公司资产管理计划。证券公司定向、专项资产管理计划可由券商与客户约定，投资拟挂牌全国股转系统的公司股权。

《证券公司定向资产管理业务实施细则》第二十五条："定向资产管理业务的投资范围由证券公司与客户通过合同约定，不得违反法律、行政法规和中国证监会的禁止规定，并且应当与客户的风险认知与承受能力，以及证券公司的投资经验、管理能力和风险控制水平相匹配。定向资产管理业务可以参与融资融券交易，也可以将其持有的证券作为融券标的证券出借给证券金融公司。”

《证券公司客户资产管理业务管理办法》第十五条：“证券公司为客户办理特定目的的专项资产管理业务，应当签订专项资产管理合同，针对客户的特殊要求和资产的具体情况，设定特定投资目标，通过专门账户为客户提供资产管理服务。证券公司可以通过设立综合性的集合资产管理计划办理专项资产管理业务。”

（3）契约型私募基金。契约型私募基金的投资范围包括拟挂牌全国股转系统的公司股权。

《私募投资基金监督管理暂行办法》第二条第二款：“私募基金财产的投资包括买卖股票、股权、债券、期货、期权、基金份额及投资合同约定的其他投资标的。”

8.4.2　持股平台案例

1997 年，L 集团设立“职工持股会”向职工集资，集资完毕，“职工持股会”股权占比为 18.88%。后经多次增资和变更，2003 年至 2012 年，“职工持股会”的股权占比由最高时 58.77% 下降为 36.43%。

2013 年，L 集团通过借壳实现 A 股上市。L 集团当时的股权划分情况为：“职工持股会”共包括 982 名成员，共持股 29.09%。

因相关法律已停止审批“职工持股会”及工会作为发起人或股东，L 集团想实现上市须先解决“职工持股会”持股的问题。L 集团可在持股还原或有限合伙持股平台两种模式间做出选择。

L 集团没有采取直接将全部员工持股还原的方式，因为“职工持股会”涉及近千人，还原后员工个人持股将极为分散，员工作为股东将享有对股东会 / 股东大会决议的投票权，届时管理层将失去对公司的控制权。

L集团采用了合伙企业持股平台模式，将“职工持股会”的股份整体转至合伙企业持股平台上。但法律规定有限合伙企业的合伙人不能超过50人，因此982名持股员工被分别置入32家合伙企业中。

这32家合伙企业都是由L集团持股员工作为有限合伙人，由L集团的43位管理层成员出资10万元设立G投资管理有限公司（以下简称“G公司”）作为普通合伙人，执行合伙事务。

再由32家合伙企业集体作为有限合伙人，G公司作为普通合伙人，组成S投资企业（有限合伙）（以下简称“S企业”）。

S企业与职工持股会签署《吸收合并协议》，约定有关资产、负债、业务等的承继与承接，将“职工持股会”持有L集团29.09%的股权变更至S企业名下，S企业成为G集团的直接股东。

通过上述几步的设计，L集团的股权并未分散，管理层继续掌控“职工持股会”29.09%的股份。

8.5 控制模式四：双层股权结构

双层股权结构又称为“AB股模式”，是同股不同权的。企业将股权划分为不同等级，通常分为A、B两级。A类股对应每股有1票投票权，B类股对应每股有N票（通常为10票）投票权。A类股一般为外部投资者持有，此类股东看好企业前景，甘愿牺牲一部分或全部投票权换取入股机会。B 类股一般由企业创始人 / 创始团队和管理层持有，通过少量控股达到掌握多数投票权的目的。

8.5.1　双层股权架构特征

作为一种与普通股权结构存在较大区别的公司制度，双层股权结构存在以下三项特征。

1. 差额比例表决权

与单一股权结构不同，采用双层股权结构的企业都是两类普通股份行使差额比例表决权，通常 A 类普通股每股有 1 票表决权，B 类普通股每股有 N 票表决权。具体 B 类普通股每股享有多少表决权，企业自行设定，投票权数通常是 A 类普通股的几倍起到几十倍不等，多者可达上百倍。

差额比例表决权最直接的反映是，股东出资与表决权行使不成比例，从经济学层面来看，即股东现金流量权和投票权的分离。双层股权结构可使创始人 / 创始团队用较少的现金流资本掌握企业较大部分投票权。

2. 同等财产收益权

股东权利是综合性的，包括财产性权利与非财产性权利。财产性权利体现在企业的营利性上，决定了股东享有从企业获得财产收益的权利；非财产权利体现在法律规定和公司章程上，赋予了股东参加企业治理的权利。

在双层股权结构中，不同投票权股份（A 类股和 B 类股）均属于普通股范畴，差异性只体现在表决权上。

在利润分配、剩余财产分配的顺序和应得利润的权利方面，A 类股与 B 类股是相同的，B 类股并不比 A 类股有优先性。

在分红比例方面，企业为吸引外部投资者购买 A 类股，可能承诺对 A 类股给予分红上的优惠。

此外，A、B 两类普通股在诸如知情权、诉讼权等附属性权利的行使中也不存在差异。因此，企业在设定 AB 股模式时，只能创设表决权（倾向 B 类股）或财产权（分红倾向 A 类股）不同的股票，不能创设附属性权利不同的股票。

3. 不同股份流通性

双层股权结构架设的目的在于保证企业控制权的稳定性，其稳定的根本不在于股权，而在于持股者，因此 B 类股持有者必须保持稳定性，这就导致 A 类股与 B 类股在流通性方面存在差异。

企业在一级股票市场上向外部投资者公开发行 A 类股，但向创始人 / 创始团队定向发行 B 类股。规定 A 类股可以在二级股票市场上自由流通，B 类股既不可以在二级股票市场上自由流通，也不可以在非公开市场上自由转让。

这样的规定是要让 B 类股稳定在创始人 / 创始团队手中，只有在发生特定情况时（如创始人不满足最低持股要求、创始人退休 / 丧失工作能力等），B 类股转换成 A 类股之后才可以进入二级股票市场自由流通。

因为大量持有 B 类股就等于掌控企业控制权，因此必须保证 B 类股的独立性，即 B 类股转换成 A 类股具有单向性，A 类股在任何情况下都不可能转换成 B 类股。

8.5.2 双层股权架构案例

2018 年 5 月，某公司赴港上市之前，公司创始人对公司控制权进行改革，采用“同股不同权”的双层股权设计。

公司将股票分为 A 类股和 B 类股，A 类股每股有 10 个投票权，B 类股每股有 1 个投票权。公司创始人和联合创始人同时持有 A 类股和 B 类股，其他股东只能持有 B 类股。

公司创始人持有 A 类股占总股份的 20.51%，持有 B 类股占总股份的

10.90%，合计拥有的投票权比例为 55.70%。

联合创始人持有 A 类股占总股份的 11.46%，持有 B 类股占总股份的 1.87%，合计拥有的投票权比例为 30.00%。

按照相关法规和公司章程规定，某公司的重大事项须经三分之二表决权的股东同意通过，普通事项须经半数以上表决权的股东同意通过。公司创始人拥有 55.7% 的投票权，可以独自决定普通事项。公司创始人和联合创始人共同拥有 85.7% 的投票权，可以共同决定重大事项。

8.6　其他控制模式

通过上述几节的讲述，我们已经了解了通过一致行动人、表决权委托、持股平台、双层股权结构的设计掌控企业控制权，但除了这几种模式外，还有双层企业架构模式、虚拟股权模式、多层股权模式可以参考。

8.6.1　双层企业架构模式

双层企业架构是创始人通过个人持股和其他企业持股的双重形式，掌握企业控制权。

S 公司，通过借壳回归 A 股上市，根据重组报告书披露，S 公司创始人周某以持有 23.4% 的股份，合计控制上市后的 S 公司共 63.7% 的投票权。

周某运用的是双层企业架构模式，分三部分实现。

第1部分：周某直接持有S公司上市后12.14%的股份和同等投票权。

第2部分：T公司持有S公司上市后48.74%的股份。其中，周某在T公司的持股比例为17.38%，其他36家机构的持股比例为82.62%。

通过签署协议，约定T公司对S公司行使股东表决权时，根据周某的指示进行表决。周某为T公司的执行董事，而执行董事选举需由周某提名，且周某有权随时提名新的董事人选以取代其提名的执行董事。

经过这样的设计，周某以较少的持股比例实际掌控了T公司的控制权，这就等于掌握了T公司在S公司全部股份的投票权。

第3部分：Z企业持有S公司上市后2.82%的股份。Z企业由J公司持股90.00%，由周某持股10.00%。J公司则由周某持股99.00%。因此，周某对Z企业的直接或间接出资比例达到99.10%，直接控制该公司对S公司2.82%股份的投票权。

根据S公司上市前的公司章程规定，公司董事会由七名董事组成，周某有权提名过半数（四名）的董事候选人。

S公司重组完成后，持股48.74%的T公司成为控股股东，而T公司由周某实际控制。

周某直接持有S公司12.14%的股份，合计持有与控制S公司63.70%的股份和同等投票权，并拥有多数董事提名权，拥有S公司的实际控制权。

8.6.2 虚拟股权模式

虚拟股权与虚拟股票在很多地方类似，如持有者只享有分红权，但没有表决权和所有权，不能转让和出售。但也有不同的地方，虚拟股权真实存在于企业股票总量内，由某个人或管理层集体持有，以全额或部分红利的形式对持有者进行股权激励。

通常情况下，享有虚拟股权或者说企业甘愿授予虚拟股权的人，都是对企业经营非常重要的核心人力资源。

某公司的核心要素为人力资本，以L博士为核心，聚集了一批在各自专业领域具有领先优势和丰富经验的导师资源和管理团队。

但L博士自担任该公司董事长以来，并未持有公司的股份，也不在公司领取薪资，是什么条件让L博士留在公司呢？

四位股东与L博士签署了薪酬激励协议，约定将持有的公司20%股份的全部收益归L博士所有，但控制权仍以持股比例为依据归属持股股东即四位股东。

通过这样的设计，L博士不用出资便拥有公司20%的股份收益权，但不直接持有公司的股份，也没有股东控制权。

8.6.3　多层股权模式

某公司成立于2014年，创始人李某自己投资1.5亿美元。截至申请上市，某公司进行了6轮融资，融资金额10亿美元，股东包括51家机构。

1. 股权结构

公司的股票分为A、B、C三类，A类股每股对应1个投票权，B类股每股对应4个投票权，C类股每股对应8个投票权。

A类股、B类股、C类股的持有者除表决权和转换权不同外，其他方面享有同等权利。

公司只有李某一人持有C类股，持股比例为14.5%（包含少于0.01%的A类股），能够控制公司约48.3%的投票权。

只有T投资机构持有B类股，股比例为12.9%，拥有21.5%的投票权。

除李某以外的管理团队全部持有 A 类股，共计持股比例为 4.3%，拥有 1.8% 的投票权。

其他投资机构全部持有 A 类股，除一家机构持股比例为 6.4%，拥有 2.7% 的投票权外，其余投资机构持股比例都低于 5.0%。

2. 投票权变更限制

B 类股和 C 类股持有者可随时选择转换为 A 类股票，即高阶投票权股份可向低阶投票权股份转化。

A 类股任何情况下都不得转换为 B 类股或 C 类股，即低阶投票权股份不可向高阶投票权股份转换。

当 B 类股或 C 类股对外转让时，自动转换为 A 股。

通过这种投票权变更限制，1 股 8 票的 C 类股只专属于李某自己，1 股 4 票的 B 类股只专属于 T 投资机构。

3. 股东大会决议规则

公司股东大会决议主要规则为：①股东大会的普通决议，须获得代表过半数表决权的股东同意通过（如选举或撤换董事）；②股东大会的特别决议，须获得代表不少于三分之二表决权的股东同意通过（如修改公司章程）。

第九章

盛名之下的风险防范

合伙人因人合在一起，但人合并不代表一定会心合。风险隐藏在各个角落，稍不留神就会发作，而且只要发作必然伤害极大。为此我们要提前预防，将企业的堡垒夯实，不给风险留下机会。

9.1 代持风险

股权代持又称为“隐名投资”“假名出资”，涉及隐名股东和显明股东。隐名股东就是实际出资人，是没有登记为企业股东，甚至没有以股东名义行使股东权利的实际出资人。显名股东也称“名义股东”或“挂名股东”，是实际不享有股权却登记为企业股东的人。

实际经营中，很多出资人会基于规避法律对股东人数的限制、规避优惠政策的限制、避免引起关注、避免关联交易等原因，选择由第三方代持其股权。

隐名股东与显名股东之间只是代持关系，虽然法律承认并保护合法的代持关系，但需要当事人能够证明代持关系的存在。

9.1.1 股权代持协议被认定无效

在现实经营中，股权的实际出资人和名义出资不一致的情况很常见，根据公司法的规定，股权代持协议只要不违反法律的强制规定，都是有效的。

虽然《最高人民法院关于适用〈中华人民共和国公司法〉若干问题的规定（三）》在原则上认可股权代持协议的法律效力，但据此就认为股权代持协议当然有效，是一种误解。如果设定股权代持的目的在于恶意串通、损害第三方利益、以合法形式掩盖非法目的、规避行政法规的强制性规定等，则股权代持协议通常会被法院认定为无效。比如，外资为规避市场准入而实施的股权代持的，或者以股权代持形式实施变相贿赂的。

此外，上市企业股份不得存在重大权属纠纷，需如实披露真实、准确、完整的信息，因此拟上市企业和已上市企业的股权不得隐名代持。

《首次公开发行股票并上市管理办法》第十三条："发行人的股权清晰，控股股东和受控股股东、实际控制人支配的股东持有的发行人股份不存在重大权属纠纷。"

中国证监会根据证券法授权对证券行业进行监督管理，目的是保护广大非特定投资者的合法权益。因此要求拟上市企业和上市企业的股权必须清晰，不得隐名代持股权。如果上市企业的真实股东都不清晰，建立于此的信息披露要求、关联交易审查、高管人员任职回避等监管举措必然会落空，终将损害广大非特定投资者的合法权益。

9.1.2　显名股东恶意侵害隐名股东权益

在股权代持关系中，因为实际出资人隐于幕后，显名股东接受隐名股东的委托，在台前代为行使股东权利。面对各种诱惑，显名股东可能会违反股权代持协议的约定，侵害隐名股东的利益。

A 在某公司出资，但出于一些私人原因找到 B 为其代持，并签订了股权代持协议。一年后，B 在 A 不知情的情况下，将其代持的 A 的股权全部转让给 C，过程中还经过了其他股东表决同意。这种情况下，A 还有机会拿回自己的股份吗？

这就要看 C 是否是善意取得，如果是善意取得，则可以认定转让行为合法有效。

我国企业采取股权公示制度，以工商局登记、股东名册、公司章程对外产生法律效力，在隐名股东不知情的情况下，显名股东将代持股份处分给买受人，并经过其他股东同意，这种情况下买受人构成善意取得，此时隐名股东只能追究显名股东的违约行为，并要求赔偿，却无法向买受人追讨股权。

《最高人民法院关于适用〈中华人民共和国公司法〉若干问题的规定（三）》第二十四条："有限责任公司的实际出资人与名义出资人订立合同，约定由实际出资人出资并享有投资权益，以名义出资人为名义股东，实际出资人与名义股东对该合同效力发生争议的，如无合同法第五十二条规定的情形，人民法院应当认定该合同有效。前款规定的实际出资人与名义股东因投资权益的归属发生争议，实际出资人以其实际履行了出资义务为由向名义股东主张权利的，人民法院应予支持。名义股东以公司股东名册记载、公司登记机关登记为由否认实际出资人权利的，人民法院不予支持。实际出资人未经公司其他股东半数以上同意，请求公司变更股东、签发出资证明书、记载于股东名册、记载于公司章程并办理公司登记机关登记的，人民法院不予支持。"

但是，如果隐名股东有证据证明显名股东和买受人恶意串通，则可以请求判令显名股东与买受人之间的股权转让合同无效，由买受人返还股权。

因此，作为隐名股东，因不能对被代持股权行使控制权，很可能遭遇显名股东滥用管理权、表决权、分红权、剩余财产分配权等情况，若举证不充分将导致隐名股东利益受损。

9.1.3　隐名股东因难以确立股东身份导致无法向公司主张权利

《中华人民共和国公司法司法解释（三）》第二十五条："名义股东将登记于其名下的股权转让、质押或者以其他方式处分，实际出资人以其对于股权享有实际权利为由，请求认定处分股权行为无效的，人民法院可以参照民法典第三百一十一条的规定处理。名义股东处分股权造成实际出资人损失，实际出资人请求名义股东承担赔偿责任的，人民法院应予支持。"

该条规定原则上肯定了隐名股东与显名股东共同签署的股权代持协议的法律效力，但投资权益并不等同于股东权益，投资权益只能向显名股东主张，而不能直接向企业主张。

隐名股东若想从幕后走到台前，成为法律认可的股东，仅凭一纸协议是不够的，还必须经过企业半数以上的股东同意，才可以向工商部门申请变更股东和企业签发的出资证明书，真正将自己的名字记载于股东名册和公司章程中。

民法典第三百一十一条："无处分权人将不动产或者动产转让给受让人的，所有权人有权追回；除法律另有规定外，符合下列情形的，受让人取得该不动产或者动产的所有权：（一）受让人受让该不动产或者动产时是善意；（二）以合理的价格转让；（三）转让的不动产或者动产依照法律规定应当登记的已经登记，不需要登记的已经交付给受让人。受让人依据前款规定取得不动产或者动产的所有权的，原所有权人有权向无处分权人请求损害赔偿。当事人善意取得其他物权的，参照适用前两款规定。"

9.2 法律风险

合伙人的出资形式多种多样，既有现金、实物，也可以是各类无形资产，包括土地使用权、知识产权、技术使用权、其他劳务出资等。多元化是好的，但也常常隐藏危机，因此制定合伙人协议和履行合伙人事务时要做好充足准备，不够完善的合伙人制度会增加不可预知的法律风险。

9.2.1 合伙财产归属不明

不同的出资形式所产生的财产归属是不同的，合伙人之间有必要签署一份合伙财产协议，约定财产归属。合伙财产协议通常包括如下三个方面。

1. 办理合伙财产登记、备案

（1）合伙财产协议中必须明确约定财产登记手续的办理权利者和义务者，以及办理费用，所有权和他物权的所属。

（2）对于不需要进行审批的，如商标许可使用权、专利许可使用权等，需要将相关合同、协议拿到有关部门备案。

2. 约定合伙财产归属

（1）以现金或财产的所有权出资的，应认定为共有财产。

（2）以房屋使用权、土地使用权出资的，在合伙经营期间，应由全体合伙人共享使用权，但并不共享所有权。

（3）以商标、专利等无形资产出资的，既可以所有权出资，也可以使用权出资。

（4）以劳务、技能等非财产权出资的，劳务、技能虽然可以进行价值评估，但因为这类技能具有行为性的特征，因此并不能成为合伙企业的财产。

3. 约定相应处理方式

2015 年 11 月，A、B、C 三人出资成立矿产合伙企业。2016 年 1 月，D 加入合伙并签订了书面合同。合同中约定，D 以机械设备和生产线设备投入，占利润的 35%；A、B、C 三人以企业证照、山场资源、办公场地等设施材料投入，合占利润的 65%。但是合同并未明确规定该如何分配，经营不满一年，A、B、C 三人与 D 就利润分配发生分歧，矿场于 2017 年 5 月停工。由于分歧始终无法达成一致，D 起诉至法院要求确认自己退伙，并返还投入的设备。

通过上述案例可以看出，如果合伙协议中约定了处理方式就可以很清楚地进行利润分配，不至于闹上法庭。

9.2.2　劳务出资

在所有出资形式中，劳务出资是非常特殊的一种，因为劳务不具有可量化性，因此无法进行完善的法律保障，极易引发法律风险。也因为劳务不能量化，在责任划分上就无法明确，容易在实际经营中产生权责利不对等的情况，为合伙前景埋下隐患。

甲公司由 A、B、C、D、E 五人合伙创立，其中 A、B、C、D 是正常出资合伙人，E 是劳务出资合伙人。公司成立第三年，E 患上心梗，需要做心脏搭桥手术，不能再为公司提供劳务输出。其他四位合伙人以当初所签合伙协议约定的“劳务出资人不提供劳务就属于主动撤回出资的退伙行为”为依据，剥夺了 E 在公司的出资份额，在给予一定补偿后将 E 从合伙人名单中除名。

E 不认可，他认为合伙协议中既然约定了自己劳务出资所对应的出资比例，不能因为自己的非主动性的不再为公司提供劳务，就将其出资份额视作自动撤回。遂起诉至法院，要求公司继续认可自己应该占有的出资比例。

该案件的争议在于“劳务出资对合伙企业的贡献在于劳务的提供和输出”，如今输出没有了，是不是贡献值就归零了。

很多合伙企业会因为这种情况产生争议，核心就在于劳务出资者若不能继续为企业提供劳务或者为企业提供较之以前水平的劳务时，是否应降低或剥夺其所占的出资比例。对于这种争议，因为劳务出资无法量化，解决起来十分困难。

此外，如果劳务出资合伙人无故退伙呢？因为并未实际出资，所以随时退伙的可能性必然存在。若是该劳务出资合伙人又掌握着对企业经营非常重要的技术能力，对于企业将是致命的打击。

9.2.3 企业内部的财务制度

现已明确，合伙人不得随意请求分割企业财产。合伙人向第三人转让其在合伙企业的财产份额时，必须经过其他合伙人的一致同意。即使在合伙企业面临清算时，也不得请求分割合伙企业的财产。此外，合伙企业内部还有其他财务制度需要明确规定。

1. 合伙人的出资费用

（1）企业注册成立前，各合伙人所花费的开办费用计入合伙人的出资额，合伙人足额认缴出资。

（2）企业依法注册成立后，各项开支计入企业费用，从企业注册资金中支出，合伙人个人不再承担企业支出费用。

（3）合伙人用于企业正常经营所花费的实际费用，按公司章程规定及企业财务制度规定，由企业财务予以报销。

2. 合伙人的利润分配

（1）合伙人的利润分配是企业在支出各项费用、依法纳税，并提取三金后的纯利润，按合伙人出资比例进行分红。

（2）合伙人的投资逐年以利润分配的方式进行回收，合伙人不得随意撤回投资。

（3）利润分配在每个会计年度进行一次，如企业经营亏损，则依法进行亏损弥补。

3. 未经其他合伙人同意知情的费用

（1）费用报销单上由费用报销人完整填写费用报销单内容，并将原始票据整齐粘贴在“票据粘贴单”上。

（2）企业合伙人应对所报销的费用报销单进行初审，并签署意见。审核无意见的，交合伙企业负责人签字审批。

4. 年终财务会计报告

企业应在每一会计年度终了时，制作财务会计报告，由财务会计于每年 2 月 28 日之前送交各合伙人，如有亏损应通过财务会计报告包含的财务报表/单及附属明细说明书做详细的书面说明（见图9-1）。

图9-1　财务会计报告包含的财务报表/单及附属明细说明书

9.3　章程风险

许多企业的合伙人并没有认真对待公司章程，认为只是法律规定的一道手续，随便制定出一份，写上主要内容就可以了。但究竟什么是主要内容，什么内容必须要写上，却并不明确。制定的过程也相对潦草，有的企业是照抄相关法律内容条文，有的企业是照搬市场监管部门发布的公司章程模板。

这不仅是企业，也是对个人很不负责任的做法。等到发生了问题，想要依靠公司章程解决问题时，才发现章程中不涉及此类问题，或者根本就不该那样写。如果以这种态度制定公司章程，等于给企业埋下了巨大隐患。

9.3.1　公司章程是对公司法的补充

公司法是面向全国制定的宏观性法律规章，制定过程中要考虑最大范围的可能性，因此无法照顾到所有企业可能面临的现实问题。在此基础上，企业需要制定出根据本企业实际状况的、有针对性的公司章程，对公司法进行有效补充，保护企业和合伙人的利益。那么，公司章程会通过哪些方面补充公司法呢？我们列出七大项，企业在指定公司章程时可作参考。

1. 公司章程可排除股东资格的继承

公司法第七十五条："自然人股东死亡后，其合法继承人可以继承股东资格；但是，公司章程另有规定的除外。"

也就是说，公司章程在确定及认可股东资格继承权时具有更高的顺位，若公司章程有明确规定排除那位股东继承人的资格，就视为有效。

2. 公司章程可以详细规定股东会议的议事方式

公司章程中可以约定股东会议的议事方式，包括何时开会、如何召集、如何代理、如何表决、如何记录等。

3. 分红比例与股权比例可做不一致约定

公司法第三十四条："股东按照实缴的出资比例分取红利；公司新增资本时，股东有权优先按照实缴的出资比例认缴出资。但是，全体股东约定不按照出资比例分取红利或者不按照出资比例优先认缴出资的除外。"

比如，A、B、C 合伙创办公司，其中 A 和 B 既出钱也出力，但出钱资本不多，C 只出钱不出力，但出钱资本最多。要如何分配利益，需要在公司章程中进行约定。

4. 表决权可与出资比例不一致

公司法第四十二条："股东会会议由股东按照出资比例行使表决权；但是，公司章程另有规定的除外。"

5. 召开股东会的通知期限可另行约定

公司法第四十一条第一款："召开股东会会议，应当于会议召开十五日前通知全体股东；但是，公司章程另有规定或者全体股东另有约定的除外。"

6. 公司章程对公司董事、监事、高级管理人员转让本企业股份的限制高于公司法

公司法第一百四十一条："发起人持有的本公司股份，自公司成立之日起一年内不得转让。公司公开发行股份前已发行的股份，自公司股票在证券交易所上市交易之日起一年内不得转让。公司董事、监事、高级管理人员应当向公司申报所持有的本公司的股份及其变动情况，在任职期间每年转让的股份不得超过其所持有本公司股份总数的百分之二十五；所持本公司股份自公司股票上市交易之日起一年内不得转让。上述人员离职后半年内，不得转让其所持有的本公司股份。公司章程可以对公司董事、监事、高级管理人员转让其所持有的本公司股份作出其他限制性规定。"

7. 全体股东一致同意的，可以书面形式行使股东会职权

公司法第三十七条："股东会行使下列职权：（一）决定公司的经营方针和投资计划；（二）选举和更换非由职工代表担任的董事、监事，决定有关董事、监事的报酬事项；（三）审议批准董事会的报告；（四）审议批准监事会或者监事的报告；（五）审议批准公司的年度财务预算方案、决算方案；（六）审议批准公司的利润分配方案和弥补亏损方案；（七）对公司增加或者减少注册资本作出决议；（八）对发行公司债券作出决议；

（九）对公司合并、分立、解散、清算或者变更公司形式作出决议；（十）修改公司章程；（十一）公司章程规定的其他职权。对前款所列事项股东以书面形式一致表示同意的，可以不召开股东会会议，直接作出决定，并由全体股东在决定文件上签名、盖章。”

9.3.2 公司章程与股东协议的关系

创始人创办企业时，不仅要依法制定公司章程，还应签署股东协议，这两份文件是创立企业过程中的基础性文件。对于企业和股东而言，公司章程和股东协议都是很重要的法律文件。

现实情况是，公司章程和股东协议的内容不仅有重合，还会有表述不一致的情况，造成了两者之间的矛盾。很多案件都是因为公司章程与股东协议存在争议引发的，又因为设立企业只需向工商部门提交公司章程，为避免争议，很多企业便不再签订股东协议。这是不对的，对企业和股东利益有保障效力的，不仅是公司法和公司章程，还有股东协议、增资协议、股权转让协议、合伙协议等。虽然签署协议不是件轻松的事，但都设置到位，将对企业和股东形成多重保护，是有利无害的。那么，公司章程和股东协议究竟该是怎样的关系呢?

（1）保持一致。公司章程与股东协议在涉及的内容方面应保持一致。如果先签署股东协议，应在法律许可的范围内将其落实到公司章程中。

（2）私密设置。股份有限公司的公司章程是必须要对外披露的，若有一些股东不愿意对外透露的内容，可以放在股东协议里。

（3）权限划定。部分股东签署的涉及股权安排（股权激励、股权转让、股权回购）的协议同样有法律效力。但要注意，由于股东对外出售股权时，现有股东有优先购买权（有限责任公司为了限制“外人”变成公司的股东），因此凡是涉及公司章程以外的第三人成为（或可能成为）公司股东时，都需要企业至少过半数的股东表决同意或放弃优先购买权，否则可能导致无法办理股权过户。

（4）增强覆盖。公司章程的效力仅限于企业范围内和相关当事人，而股东协议可以实现更灵活的安排，比如无须工商局登记，随时协商变更；不仅适用于企业股东之间，也适用于股东与企业、股东与非股东之间，可以通过变通的方式对干股、技术股、期权、股权回购进行有效安排，可以约定违约责任。

其实，凡是涉及公司法没有明确规定，公司章程有权处理的事项，可以在公司章程里规定宽泛性的明确安排，具体规定通过股东协议安排。这样保证了公司章程依法被披露时，仍有涉及企业组织结构和经营管理的关键内容不被外界所知。

9.3.3 公司章程对股东股权转让与回购的规定

实行合伙人制度的企业在现实中，可以通过公司章程限制股权转让时其他股东的同意权、优先购买权。

公司法第七十一条第三款："有限责任公司的股东之间可以相互转让其全部或者部分股权。股东向股东以外的人转让股权，应当经其他股东过半数同意。股东应就其股权转让事项书面通知其他股东征求同意，其他股东自接到书面通知之日起满三十日未答复的，视为同意转让。其他股东半数以上不同意转让的，不同意的股东应当购买该转让的股权；不购买的，视为同意转让。经股东同意转让的股权，在同等条件下，其他股东有优先购买权。两个以上股东主张行使优先购买权的，协商确定各自的购买比例；协商不成的，按照转让时各自的出资比例行使优先购买权。公司章程对股权转让另有规定的，从其规定。”

最后一句“公司章程对股权转让另有规定的，从其规定。”说明在股权转让的事宜上，公司章程的优先级大于公司法，但须建立在法律法规允许的框架下。

9.3.4　公司章程对股东资格丧失的规定

乙公司由A股东担任采购经理，占公司股份的15%。后公司发现A有吃回扣现象，导致采购价格远高于市场均价，经查实后将A开除。随后，乙公司召开股东会议，93%持有公司表决权的股东同意将A从股东名册上除名，并通知A领取原始股金15万元。但此时公司股权价值已经超过了原始股金一倍多，A不服，提起诉讼。

乙公司之所以让A领原始股金走人，是因为公司章程（经表决通过，并在工商局备案）对此种情况有明确规定：“本公司股东如有违反公司章程，如出现危害公司利益、出卖公司利益、泄露公司机密、侵占公司财产等不法行为，经公司股东大会按股份额表决权70%通过后立即除名，剥夺其股权。按注册资本额退还股金，不给付股本利息。”

法院最终判决驳回A的诉讼请求，认定公司章程的相关规定有效，乙公司依据章程将A除名的行为合法。

这个案例集中体现了公司章程的自治功能。其实，公司法中也有关于股东除名的规定，包括以下情形。

（1）股东自愿、合法转让其所持有的股权。

（2）人民法院依强制执行程序转让股东的股权。

（3）对股东会决议持异议的股东可请求公司回购其股权。

（4）自然人股东死亡。

（5）法人股东解散或破产。

（6）公司解散或破产。

即使股东资格丧失，也不意味着一分钱拿不到就出局。一般情况下，应由企业向其退回原股本（原投入的注册资金）或按市场价值补偿。

9.4 个人风险

合伙经营的过程中，不仅会面临法律风险、章程风险，还会因合伙人的个人原因，导致企业承受风险。常见的个人风险有两种，一种是合伙人因为离婚带来的风险，另一种是合伙人死亡带来的风险。面对无法事先预知又不排除会发生的人生意外，必须找到科学的方法予以应对，才能让企业安然度过风险。

9.4.1 合伙人离婚

对于已婚人士来讲，合伙创业会有一个隐性条款。婚姻一方为合伙企业投入的所有资产，婚姻另一方会享有一半。如果夫妻双方对婚后财产没有明确约定，则任意一方名下的股权便是夫妻共有财产。如果合伙人离婚，持股合伙人的配偶有权获得其一半的股权。

若夫妻一方是合伙企业的合伙人，另一方不是合伙企业的合伙人，经夫妻协商一致后，夫妻中合伙人一方将其在合伙企业的财产份额全部或部分转让给配偶，应按照以下四种情形分类处理。

（1）其他合伙人一致同意的，该合伙人配偶依法取得合伙企业的合伙人地位。

（2）其他合伙人不同意转让，在同等条件下行使优先受让权的，可以对转让所得的财产进行分割。

（3）其他合伙人不同意转让，也不行使优先受让权，但同意该合伙人退伙或退还部分财产份额的，可以对退还的财产进行分割。

（4）其他合伙人既不同意转让，也不行使优先受让权，又不同意该合伙人退伙或退还部分财产份额的，视为全体合伙人同意转让，该合伙人配偶依法取得合伙企业的合伙人地位。

9.4.2　合伙人死亡

丙公司于15年前由A、B、C、D共同创立，A为企业大股东，持股67%，并担任公司法定代表人和董事长。但在一次交通意外中，A不幸离世。小A是A的独子，今年22岁，刚刚大学毕业。在其母明确表示放弃股权继承资格后，小A找到B、C、D三人，提出继承父亲的股份和职务。但B、C、D均认为小A太年轻不足以担此重任，提出分期兑现给小A现金以收购其大部分股份的建议。

公司法第七十五条："自然人股东死亡后，其合法继承人可以继承股东资格；但是，公司章程另有规定的除外。"

只要A在公司的出资额系生前合法财产，应当被认定为遗产，股东在公司的股东资格自然由其法定继承人继承。法律这样规定的初衷是考虑以人为主，被继承人作为公司股东，对公司做出贡献，其法定继承人理应享有股东资格，这也符合我国传统。前提则是公司章程中对继承事宜没有特别约定，那么继承发生后，小A自然就获得了股权延伸出的财产权、管理权等，即使其他股东反对也无法改变继承的事实。

《最高人民法院关于适用〈中华人民共和国公司法〉若干问题的解释（四）》第十六条："有限责任公司的自然人股东因继承发生变化时，其他股东主张依据公司法第七十一条第三款规定行使优先购买权的，人民法院不予支持，但公司章程另有规定或者全体股东另有约定的除外。"

公司法第七十一条第三款参见9.3.3。

9.5 税务风险

纳税是法人、自然人和其他组织的基本义务，相关法律法规也有明确的条款规定。但很多企业希望在实际操作时能减少税务支出，因此触及到税务风险，甚至违反法律。本节就来看看常见的税务风险，为企业经营者敲响警钟。

9.5.1 股权结构设计不合理的涉税风险

2014年6月，某公司发布重组方案，拟以3.62亿元的价格收购六名自然人股东和北京某公司共同持有的杭州某公司共计82.97%的股份。同年11月20日，中国证监会核准本次交易。但在具体操作过程中，杭州某公司六名自然人股东无力支付股权转让产生的超过7000万元个人所得税。次年1月16日，该公司发布终止收购的公告。

导致这桩收购案流产的根本原因是杭州某公司的股权结构不合理。企业股东包括自然人股东和法人股东两种，其中有限责任公司、股份有限公司、合伙企业属于法人股东。

我国针对自然人股东和法人股东的税收征管模式并不相同。

1. 自然人股东和法人股东的征税形式不同

（1）对自然人股东采取按次征纳。

（2）对法人股东采取按期预缴，年度汇算清缴，股权转让的收益可以合并计入收入，如果本年度利润为负可以不用缴税；符合条件的企业可以申请特殊性的税务处理，从而不必当即缴纳转让税款。

《国家税务总局关于企业重组业务企业所得税征收管理若干问题的公告》第一条第三款："当事各方中的自然人应按个人所得税的相关规定进行税务处理。"

2. 自然人股东和法人股东的股权转让个税缴纳形式不同

（1）对自然人股东的股权转让，期限通常在 15 日之内。

《国家税务总局关于发布〈股权转让所得个人所得税管理办法（试行）〉的公告》第二十条："具有下列情形之一的，扣缴义务人、纳税人应当依法在次月十五日内向主管税务机关申报纳税：（一）受让方已支付或部分支付股权转让价款的；（二）股权转让协议已签订生效的；（三）受让方已经实际履行股东职责或者享受股东权益的；（四）国家有关部门判决、登记或公告生效的；（五）本办法第三条第四至第七项行为已完成的；（六）税务机关认定的其他有证据表明股权已发生转移的情形。"

（2）对法人股东的股权转让，可以分五年缴纳个人所得税。

《财政部 国家税务总局关于个人非货币性资产投资有关个人所得税政策的通知》第三条："个人应在发生上述应税行为的次月 15 日内向主管税

务机关申报纳税。纳税人一次性缴税有困难的，可合理确定分期缴纳计划并报主管税务机关备案后，自发生上述应税行为之日起不超过5个公历年度内（含）分期缴纳个人所得税。”

这一规定是基于现实征管的实际，有两个好处：①缓解纳税压力，纳税不同于会计报表，而是实际的现金流出；②带来潜在的资金的时间价值。

由此可见，如果杭州某公司在股权转让过程中，六名自然人股东能成立合伙企业，将身份转变为法人股东，就不会产生大额个税无法缴纳的问题了，还可以享受特殊性税务处理政策和五年缴清个税政策。

《国家税务总局关于发布〈股权转让所得个人所得税管理办法（试行）〉的公告》第三条："本办法所称股权转让是指个人将股权转让给其他个人或法人的行为，包括以下情形：（一）出售股权；（二）公司回购股权；（三）发行人首次公开发行新股时，被投资企业股东将其持有的股份以公开发行方式一并向投资者发售；（四）股权被司法或行政机关强制过户；（五）以股权对外投资或进行其他非货币性交易；（六）以股权抵偿债务；（七）其他股权转移行为。”

9.5.2 股东个人借款的个人所得税风险

2015年3月，某市地税局对当地一家有限责任公司2014年度的纳税情况进行全面检查，发现该公司的“其他应收款账簿”中有一笔74万元的股东借款一直挂账，到该年年底尚未归还。

经调查核实，该笔“其他应收款”为公司一名股东所借，用于支付子女出国留学费用。最终，稽查部门认定对于该股东的74万元“其他应收款”，企业应按照“利息、股息、红利所得”代扣代缴个人所得税14.8万元，对企业处以未代扣代缴税款额度50%的罚款，计7.4万元。

《财政部 国家税务总局关于规范个人投资者个人所得税征收管理的通知》第二条：“纳税年度内个人投资者从其投资企业（个人独资企业、合伙企业除外）借款，在该纳税年度终了后既不归还，又未用于企业生产经营的，其未归还的借款可视为企业对个人投资者的红利分配，依照‘利息、股息、红利所得’项目计征个人所得税。”

9.5.3　股权转让中的涉税问题

丁公司成立于2014年2月，注册资金为1000万元，由A、B两位股东分别出资75%和25%，股权占比与出资占比一致。经营三年后，经公司股东会同意，A将所持有的公司50%的股权以平价转让给C，转让金500万元。但A认为自己是以平价转让的股权，并未实现增值，不需要缴纳个人所得税。

但当地税务机关根据《股权转让所得个人所得税管理办法（试行）》第十四条第一款规定，并且该公司没有该办法第十三条所规定的对股权转让收入明显偏低且无正当理由的四种情况，告知A股东“此次股权转让价格低于相对应的净资产份额，应依法缴纳个人所得税”。

因此，应按丁公司净资产核定此次股权转让计税额。经第三方审计后，丁公司的净资产为2400万元，那么A转让50%股权应缴纳的个人所得税为140万元[（2400万元 ×50% − 500万元）×20%]。

此外，A和C应按股权转让金额分别缴纳印花税。

《股权转让所得个人所得税管理办法（试行）》第十三条：“符合下列

条件之一的股权转让收入明显偏低，视为有正当理由：（一）能出具有效文件，证明被投资企业因国家政策调整，生产经营受到重大影响，导致低价转让股权；（二）继承或将股权转让给其能提供具有法律效力身份关系证明的配偶、父母、子女、祖父母、外祖父母、孙子女、外孙子女、兄弟姐妹以及对转让人承担直接抚养或者赡养义务的抚养人或者赡养人；（三）相关法律、政府文件或企业章程规定，并有相关资料充分证明转让价格合理且真实的本企业员工持有的不能对外转让股权的内部转让；（四）股权转让双方能够提供有效证据证明其合理性的其他合理情形。"

《股权转让所得个人所得税管理办法（试行）》第十四条第一款："主管税务机关应依次按照下列方法核定股权转让收入：（一）净资产核定法——股权转让收入按照每股净资产或股权对应的净资产份额核定。被投资企业的土地使用权、房屋、房地产企业未销售房产、知识产权、探矿权、采矿权、股权等资产占企业总资产比例超过20%的，主管税务机关可参照纳税人提供的具有法定资质的中介机构出具的资产评估报告核定股权转让收入。6个月内再次发生股权转让且被投资企业净资产未发生重大变化的，主管税务机关可参照上一次股权转让时被投资企业的资产评估报告核定此次股权转让收入。"

9.5.4 股权激励中的涉税问题

股权激励能够激励员工的工作积极性，有利于企业长期稳定发展。但在进行股权激励的同时，也要注意涉税问题。因考虑初创合伙企业的经营不稳定性，税法制定时将激励对象的纳税时间点顺延至转让股权时（见表9-1）。

表9-1　股权激励中的税务问题

	形式	授予时点	行权时点		转让时点
满足条件	股票期权/股权期权、股权奖励、限制性股票	无	递延纳税：税率20%	经向主管税务机关备案，可实行递延纳税政策，即员工在取得股权激励时可暂不纳税，递延至转让该股权时纳税	①转让境内上市公司股票，按财产转让所得税：税率20%，免个税；②转让境外上市公司股票，税率20%
未满足条件	以低于公平市场价格取得股票/股权	无	按薪金征税：累进税率3%～45%	①应纳税所得额＝（公平市场价格–实际市场购买价格）×行权数量 ②应纳税额＝（应纳税所得额÷规定月份数×适用税率–速算扣除数）×规定月份数	同上

注：①上表中行权时点包括取得股权、股权行权、限制性股票解禁、取得股权奖励时。②公平市场价格，依次按照净资产法、类比法和其他合理方法确定。前提是向纳税机关备案。

9.5.5　股权对赌协议中的涉税问题

对赌是股权估值调整，即投资方 / 收购方与融资方 / 出让方在达成并购或者融资协议时，对于未来不确定性进行的一种约定。更准确地说是对企业未来盈利能力的不确定，对赌的目的是尽可能地实现投资交易的公平和合理。它既是投资方的保护伞，又对融资方起着一定的激励作用。

戊公司拟以“现金＋换股”的方式收购甲公司 60% 的股权，并约定对赌协议。甲公司控股股东 A 向戊公司承诺，甲公司在 2018—2020 年仍由 A 经营，且每年净利润分别不低于 1000 万元、1200 万元、1350 万元。承诺净利润与实际净利润的差额部分由 A 以自有现金补足。如果 A 超额完成业绩承诺，则每年给予超额利润的 40% 作为奖励。

股权对赌协议是按照《股权转让所得个人所得税管理办法（试行）》第九条的规定执行的，该条款内容为：“纳税人按照合同约定，在满足约定条件后取得的后续收入，应当作为股权转让收入。”

因此，本案例中如果 A 在 2018—2020 年取得的超额利润 40% 的奖励，应被视为股权转让价款的一部分，并据此调整股权转让收入的应纳税所得额并补缴个人所得税。如果 A 未能完成对赌协议中的业绩，须对戊公司进行补偿。

签订对赌协议一定要慎之又慎，对于融资方来说，如果协议上没有说明税款由哪方承担，一旦对赌失败，还将损失巨额税金；对于投资方来说，投资成本也会相应水涨船高！目前我国税法针对对赌协议的相关税文较少，交易双方在签署对赌协议时，应统筹规划合同、财务和税务事项。